如何说孩子才会听，怎么听孩子才肯说。

跟孩子任何时候都能聊得来！

没有教育不好的孩子，只有不会教育的父母
改变家长教育方式，培养完美的亲子关系

如何学会与孩子高效沟通

金　凤◎著

中国商业出版社

图书在版编目（CIP）数据

如何学会与孩子高效沟通 / 金风著 . -- 北京 : 中国商业出版社, 2018.3

ISBN 978-7-5208-0217-8

Ⅰ . ①如… Ⅱ . ①金… Ⅲ . ①家庭教育 Ⅳ . ① G78

中国版本图书馆 CIP 数据核字 (2018) 第 019667 号

责任编辑：姜丽君

中国商业出版社出版发行

（100053 北京广安门内报国寺1 号）

010-63180647 www.c-cbook.com

新华书店经销

三河市三佳印刷装订有限公司印刷

*

710 × 1000毫米　1/16开　15印张　230 千字

2018年5月第1版　2018年5月第1次印刷

定价：38.00元

* * * *

（如有印装质量问题可更换）

| 序言 |

家庭教育中，父母与孩子的沟通是一个非常重要的环节。好的亲子沟通，可以使亲子关系融洽，家庭氛围温馨，孩子们能够健康快乐的成长。相反，不好的亲子沟通，会使亲子关系疏远，家庭氛围紧张，给孩子的成长带来很多负面效应，有可能导致孩子的心理失衡，性格乖张，从而影响孩子的一生。家庭教育对孩子的成长至关重要，而沟通，又是家庭教育的重要环节。记得有人曾说过，世界上最成功的家庭教育是在父母与孩子的沟通中不知不觉完成的。希望每一对父母和孩子都能拥有温馨、高效的亲子沟通，从而使每一个孩子都能获得心灵的港湾。

实践证明，父母与孩子进行高效的沟通并不是一件简单的事情。有些父母苦口婆心地和孩子讲道理，论利弊，可是孩子就是听不进去；有些父母甚至还没有说上一句完整的话，孩子就已经摆出一副不耐烦的样子。当然，也有一些孩子，想要将成长中遇到的一些烦恼和顾虑告诉父母，可是父母不是心不在焉的敷衍，就是不分青红皂白地斥责、讽刺、奚落等，导致孩子失去了与父母沟通的兴趣，封闭自己，再也不愿意向父母敞开心扉。

为什么亲子沟通会如此不顺畅？

为什么孩子们越来越不愿意和父母多说一句话?

为什么那么多的孩子敌视甚至仇视自己的父母?

…………

这个时候，掌握一些与孩子高效沟通的技巧成了现代父母们最迫切的需求。

父母只有真正了解孩子的心理，找到最合适的沟通方式，把话说到孩子的心坎里，才能与孩子进行高效的亲子沟通。为了让广大的父母更高效地与孩子沟通，我们特地编写了这本书，全书分十五个章节，如："情绪管理术"沟通、"自律能力"沟通、"自理能力"沟通、"抗挫力"沟通、正能量式沟通、非语言式沟通、让错误成为孩子学习的好机会、抚平叛逆等等。从心理学的角度出发，针对提升孩子的关键素养，详细阐述了沟通的技巧和方法，如：就提升孩子的情绪管理能力、自律力、自理能力和抗挫力，书中做了一对一的讲解和分析。

此外，本书从沟通技巧入手，以构建父母与孩子之间的心灵对话为目的，分别列举感性、平等、尊重、鼓励、建议、非语言式等多种沟通技巧，重点突破父母与孩子在沟通中的主要障碍，详细介绍了培养孩子思维力、判断力、诚信、自尊自爱、自信等各个环节的沟通技巧，帮助父母有效解决亲子沟通的难题，提高亲子沟通的质量，从而促进孩子的健康成长。

最后，本书又针对现实生活中的沟通难点进行逐个击破：从纠正孩子的错误、不良习惯、培养孩子的学习兴趣，以及如何应对孩子的叛逆期多个角度入手，详细介绍了各种沟通技巧和方式方法，使父母在愉快、轻松、民主的沟通环境中，顺利解决了孩子的各种"小毛病"，让"熊"孩子棒起来！

全书紧紧围绕着实现亲子间的高效沟通一题展开，引用了大量可供借鉴的典型实例和沟通妙招，将现实生活与专业知识紧密结合成一个连贯的整体，帮助父母们充分领悟到与孩子有效沟通的智慧，掌握有效地沟通技巧，强化和提升有限的沟通水平，使亲子沟通更上一个台阶，从而帮助更多的孩子早日成才！

目 录

上篇 突破重点
怎样沟通，才能提升孩子的关键素质

第八章　启发式沟通

循循善诱，培养孩子的思维能力

——高效沟通的维生素

第九章　民主的光芒

摒弃专制，培养孩子的选择和判断力

——轻松、民主、智慧的亲子沟通

第十章　承诺式沟通

提升信任感，培养孩子的诚信精神——让沟通更有力度

第十一章 非语言式沟通

不要忽视肢体动作和表情的交流
——“无言”恰恰是内容最丰富的沟通

下篇 攻克难题

怎样沟通，才能让“熊”孩子棒起来

第十二章 犯错了，没关系

让错误成为孩子学习的好机会
——使孩子找到成长安全感的沟通

第十三章 清除坏习惯

坏习惯可以将孩子送进地狱
——沟通的过程就是让孩子改掉不良习惯

上篇 突破重点

怎样沟通，
才能提升孩子的关键素质

第一章 “情绪管理术”沟通

好情绪才有好未来——亲子沟通中的首要任务

引导孩子学会控制自己的情绪，不要让情绪反过来控制孩子。凡事多一些理性，少一些任性，把“恶魔”般的情绪关在囚笼里，做掌控自己情绪的主人，这是亲子沟通中的首要任务。

1. 好情绪才有好未来

好的情绪决定好的未来。不能管理情绪的孩子，他们的行为极容易被本能、需求、外部环境所驱使，不能控制自己；而能管理好情绪的孩子，他们在面临各种环境时，能够做到理性分析、理性指导自己、让自己成为情绪的主人，从而把握自己的未来。因此，越来越多的家长开始重视对孩子情绪掌控力的培养，并将其作为亲子沟通中的首要任务。

美国心理学家丹尼尔·戈尔曾经说过这样的话："如果你不能控制自己的情绪，如果你没有自我认识，如果你不能管理自己的负面情绪，如果你不能推己及人并拥有有效的人际关系，无论你多么聪明，都不可能走得很远。"

浩然是个非常帅气的小男孩，聪明机灵，非常讨人喜爱。遗憾的是，最近小家伙越发地霸道起来，不能很好地控制自己的情绪。

一天，小姑姑来到家里，看到浩然正在全神贯注地看动画片，便坐在孩子的身边，一起看了起来。没过多久，动画片播放完了，开始播放广告。可是，浩然正看得尽兴呢，忽然间节目没有了，顿时暴跳如雷，吵着让小姑姑把动画片播出来。小姑姑耐心地给浩然讲道理。

"然然，动画片结束了，电视台换节目了。你想看的话，只能明天这个时候再看了，小姑姑也没有办法。"姑姑说道。

"不嘛，不嘛，我就要看。哼，你再不帮我找出来，我就砸了它。"浩然气呼呼地说道。

对于浩然的话，小姑姑根本没有当真，认为只是孩子一时的气话。没想到的是，浩然竟然说到做到，顺手拿起小板凳，朝着电视机狠狠砸去。一时间，小姑姑竟然没有反应过来，瞪着大大的眼睛，惊讶地看着浩然……

还有一次中秋节，浩然一家聚在饭店里吃团圆饭。餐桌上都是浩然喜欢吃的食物，螃蟹呀、龙虾呀、鸡腿呀等等。浩然吃得肚子都快撑爆了，最后实在吃不进去了，剩了半只鸡腿在碗里。爷爷见到，不忍心扔掉，于是夹起孙子剩下的鸡腿吃了起来。

席间，大家有说有笑非常开心，谁也没有注意到浩然的脸色变化。只听见“啪”的一声，众人的目光齐刷刷地投向发出声响处，只见爷爷满脸的米粒和油渍。原来，浩然看到爷爷吃他的鸡腿，非常生气，竟然端起盘子径直砸向爷爷……

其实，孩子会闹情绪，多半由于筋疲力尽，饥肠辘辘，未能如愿或身体不适等原因，其根源与家长们的教育方式有直接的关系。如果家长们在教育的过程中，放纵孩子，任其胡作非为，孩子的情绪管理能力定然很差。所以，父母在教育孩子时，不光要关注孩子的身体发展，也要关注孩子心理的发展，让孩子学会忍耐、克制，培养出身心健康的好孩子。

关于“情绪管理术”的亲子沟通，送给家长们四个沟通小锦囊：

锦囊一：尊重并接受孩子的情绪。

“你看起来不太高兴呀，怎么了？和妈妈讲讲。”父母这样一句话，等于告诉孩子：“我已经察觉到了你的不良情绪，接受并尊重你的情绪，想知道你闹情绪的原因。”

“接受和尊重”是处理孩子不良情绪的第一步，孩子的闹情绪总是有原因的，家长首先要完全接受孩子不良情绪的存在，不要抵触、反感和感觉愤怒。

锦囊二：帮助孩子认知情绪。

孩子的表达能力不足，或是对情绪没有更多的认知，在产生不良情绪时，只是觉得心情不好，可又说不出具体怎么不好。

家长在与孩子沟通的过程中，多提供一些关于情绪的常识，帮助孩子认知情绪，锻炼孩子具体、形象地表达内心的感受。

锦囊三：给孩子的情绪发泄方式设定规范。

孩子们不清楚该如何发泄不良情绪，有的孩子选择封闭自己，闷闷不乐地“独吞”所有的不良情绪；有的孩子破马张飞，随意选择不良情绪的发泄对象：如对父母乱发脾气，乱摔东西等等。

父母需要给孩子的情绪发泄方式设定规范，符合规范的发泄方式是可以被理解和接受的；不符合规范的发泄方式则是不能被接受、容忍的。

锦囊四：与孩子商量解决“情绪病灶”的方法。

孩子不会无缘无故地闹情绪。如果孩子已经知道问题出在哪里了，却不知道应该怎么解决问题。

此时，父母需要做的是引导孩子找出最好的解决问题方法，从而彻底“消灭”不良情绪。在这个环节的沟通中，家长们注意一定要和孩子一起商讨解决问题的方法，引导孩子自己想出办法。

2. 暴躁会失去朋友

心理学研究发现：人在冷静的状态下，更能保持清晰的思考，所做出的抉择也会更明智；相反在情绪冲动的状态下，则很容易会做出非常愚蠢的举动。

亮亮和琪琪是非常要好的朋友。两个孩子经常一起上学、一起做作业、一起玩耍。可是最近也不知道怎么了，琪琪总是躲着亮亮，似乎是在刻意疏远他。

“琪琪，最近怎么不和亮亮一起上学了？”亮亮奶奶问道。

“奶奶好，前几天我和亮亮发生了一些摩擦，我觉得我们不适合再做朋友了。”琪琪有些难过地说道。

“是吗，亮亮没有跟我说，你和奶奶说说情况吧，如果是亮亮做错了，我批评他。”奶奶说道。

“不用了，奶奶你还是自己问亮亮吧，我不想再提这件事了。”显然琪琪是真的伤心了。

亮亮奶奶回到家里，问亮亮事情的经过。亮亮一副满不在乎的样子，“也没有什么事情，我都不记得为什么争吵了，只是我一生气将桌上的墨汁泼了她一身。然后她就哭了。”

“什么，你竟然泼了琪琪一身的墨汁，亮亮这就是你的错了，怎么能这么对待自己的朋友呢？”奶奶也有些恼火。

“我也觉得自己做得过火了，可是我不是有意的，那不是正在气头上嘛。”亮亮撅着嘴嘟囔着。

第二天，亮亮奶奶对琪琪说：“孩子，我已经知道了，亮亮也很后悔泼了你一身的墨汁，他说自己不是故意的，只是在气头上失了分寸。你别生气了，回头我让亮亮给你道歉，好不好？”

琪琪沉默了一会，说道：“这件事情我也有错，亮亮不用道歉了。只是那件衣服是妈妈留给我的唯一一件礼物，我真的非常在乎。我和亮亮就做普通的朋友就可以了。”

听着孩子的话，亮亮奶奶愣住了，是呀，琪琪的妈妈就是为了给孩子买礼物出的车祸……

正如歌德所言：“谁不能克制自己，他就永远是个奴隶。”暴躁的孩子，就是一个被“暴躁”控制的奴隶。任何人都不愿意接受一个“情绪炸药桶”作为朋友。

事实上，每个孩子都有各自的情绪基调，比如：温和型的、忧郁型的、暴躁型的、愉悦型的、懦弱型的，等等。不同的情绪基调，影响孩子对事情的情绪反应，如：暴躁型的孩子遇到事情时，大喊大叫，一通狂轰滥炸，搞得事态发展越来越糟糕；而愉悦型的孩子遇到事情时，总能保持乐观、愉快的情绪，从而更完美地处理问题。因此，家长要注意在日常生活中塑造孩子积极愉悦的情绪基调。

避免塑造出“暴躁型”情绪基调的孩子，给家长提供两个沟通攻略：

攻略一：向孩子提出两个关于“暴躁”的问题，帮助孩子自省。

1. “发完脾气后事情得到解决了么？如果没有，那么发脾气有什么用途？”

2. “因为愤怒，你对身边的人大喊大叫，现在后悔了么？如果你后悔了，那么我告诉你，你生气时说的所有话真的让我感到很难过。这种难过的感觉不会因为你的道歉而消失。”

这两个问题，可以让孩子清楚地意识到，暴躁不仅对解决问题没有任何作用，反而还浪费了大量的时间和精力，同时也给身边的人带来了无法弥补的伤害。

攻略二：实例证明：和气、愉快才是解决问题的最好方法。

生活中随处可见很多呼呼冒火的“火龙”，他们横冲直撞，毫无修养，没有任何形象可言。这些“火龙”，恰恰是父母教育孩子不要做“暴躁”型情绪基调的孩子的反面教材。很多道理，父母苦口婆心说了很多次，都不如让孩子亲眼见证一下“暴躁”型情绪基调的人的丑陋形象。同时，在让孩子亲眼见证一下那些“愉悦”型情绪基调的人，是怎么和和气气地解决问题的。二者一对比，哪些人的形象高贵，哪些人的形象丑陋，孩子自然能够分辨出来。

3. 别让孩子陷入焦虑的泥沼中

什么是焦虑？

通常情况下，孩子的焦虑是由于孩子的情绪管理能力低下，不能管理好负面情绪，从而引发的消极心理反应，如悲观、急躁、抑郁、惊恐，等等。焦虑分为两种：长期焦虑和短期焦虑。如果孩子的情绪得不到很好地梳理很有可能会长期陷入焦虑中，也就是长期焦虑症。长期焦虑的孩子，心理发展呈现畸形，严重时需要借助心理医生的专业治疗手段。即使最终痊愈，也会留下心理阴影。

因此，在亲子沟通中，父母要密切关注孩子不良情绪的疏导沟通，别让孩子陷入焦虑的泥沼中。

彤彤觉得自己陷入了焦虑的泥沼里，不能自拔了。原来彤彤最近总是感到焦虑，上学焦虑、和朋友交往时焦虑、放了学回到家里还焦虑。好在彤彤和妈妈是无话不说的好朋友，她决定将自己的状况告知妈妈。

“妈妈，我最近总是觉得焦虑，很不开心。”彤彤说。

“那你能和我详细谈谈你的感觉吗？”妈妈说道。

“比如去上学，我会感到很焦虑，因为我很怕上数学课，我的数学成绩不好，老师还经常提问题，我担心自己回答不上来被大家笑。还有和小伙伴们一起玩也感觉焦虑，前段时间和丁丁闹别扭了，很担心遇到她。还有放学回家后，我也觉得很焦虑。因为我一想到第二天还要去面对这些就不开心。”彤彤说道。

“却是很复杂，但是我觉得难不倒你。因为你已经搞清楚自己为什么而焦虑了。”妈妈说道。

“是的，我是搞清楚原因了，可是我不知道怎么解决问题。”彤彤撅着嘴说道。

“因为数学学的不好，和丁丁闹别扭而感到了焦虑，首先解决丁丁的问题吧，你有什么想法？我觉得朋友之间有矛盾是很正常的，如果能够换位思考一下，可能就能理解对方了。你觉得呢？”妈妈问道。

“是的，我觉得也是，一会儿我去找她谈谈心吧。”彤彤说道。

“至于数学嘛，妈妈觉得你应该和老师沟通一下，看看问题出在哪里，是方法不对还是其他方面的问题。不管怎样害怕、逃避的心理不要有。相信自己，妈妈上学的时候，数学成绩非常好，基于遗传，你也一定不会差，只是还没有找到方法。”妈妈说道。

彤彤听完，感觉焦虑的情绪似乎全都消失了。

作为家长，孩子陷入了焦虑的泥沼中，是亲子沟通出现了问题。父母要及时反省、调整沟通的方式方法，引导孩子向自己打开心灵之窗，做孩子的情感专家。下面帮助父母克服两个沟通的难题：

1. 孩子不愿意说时，父母可以点拨孩子。

“和妈妈说说你的心事。”看到孩子无精打采的样子，妈妈说道。

“哎呀，你别问了，我不想说。”儿子说道。

“好的，不勉强你。不过孩子，妈妈想告诉你不管遇到什么问题了，别胡思乱想，就思考怎么解决就行了。”妈妈说。

其实，随着孩子年龄的增长，心中的秘密也会越来越多，涉及隐私和尊严的事情，越来越不愿意告诉父母，但是他们有渴望与父母沟通。对此，父母不要逼迫孩子，也不要觉得沟通进行不下去了。与孩子沟通并一定非要听孩子说很多很多的话，了解孩子所有的事情。事实上，孩子的那点事并不复杂，父母们都是过来人，孩子不说，父母说，说一些指导性的大原则。这些原则是父母多年的心得和体会，完全可以作为孩子的做事标准。至于具体的环节，只要孩子在这个大原则之内，给孩子空间，让孩子自己处理。

2. 孩子拒绝沟通时，父母要学会曲线沟通。

“你最近心情不好，和妈妈聊聊吧。”妈妈说。

“不聊，不用你管。”孩子直接拒绝了父母。

“那这样吧，我最近也有些烦躁，你陪妈妈一起去郊外走走吧，看看蓝天、白云，感受一下青草和泥土的气息。”妈妈说。

孩子拒绝与家长沟通时，一定是因为父母没有走进孩子的世界。两个世界的人，沟通有什么意义呢？这是孩子的想法。但是父母想要走进孩子的世界，给孩子一些帮助。事实上，孩子也却是需要父母的帮助和引导。多听、兼听原本就是好习惯，尤其是父母的建议，比任何人的建议都真诚。因此，父母面对孩子关闭的“门”，不要灰心，更不要放弃，换一种敲门的方式，也许孩子会自愿开门。

4. 悦纳自己，也是一种能力

前不久，一名年仅十二岁的孩子，自杀身亡。在众人一片惋惜声中，真相逐渐浮现。

原来，这个孩子有一位非常出色的表哥，学习成绩呱呱叫。因此，在他很小的时候，妈妈就希望他能和他表哥一样有出息。结果事与愿违，这个孩子的成绩很一般，好像怎么努力也学不好是的。于是，孩子妈妈开始天天责骂孩子，“你看看你表哥，怎么比你强那么多呀，人家孩子什么毛病都没有，哪像你全身上下没有一点优点……”

为了成为妈妈口中的“表哥”，这个孩子只能比以前更加努力了。结果，在那一年，他终于用实力证明了自己，孩子通过努力考入了重点班。当孩子把这个喜讯告诉母亲时，原本以为这一次母亲一定会夸奖自己一句，没有想到，母亲狠狠地瞪了他一眼，说道：“你还有脸说，我怎么生了你这么个笨蛋，费了九牛二虎之力，才考了个重点班。你看看你表哥，人家被市一中破格录取了……”

“是呀，原来我还是最笨的那个。”孩子默默地念叨着，走开了。

身后，孩子妈妈的一连串的指责声还在继续着。

悲剧就发生在这一天——孩子通过自己的努力考入重点班的这一天。这原本应该是件好事情，重点班的学生也是从众多孩子中精选出来的，一样是学霸级别的。可是，这位孩子的母亲竟然让这样一个已经很优秀的孩子认为自己笨。

这个孩子留给母亲的遗书只有八个字，可是这短短的八个字却像一把钢刀一样，刺穿了母亲的心，“妈妈，我不喜欢自己！”

“人无完人，金无足赤”，这是多么简单的一个道理呀。可是，这位愚蠢的母亲竟然不明白这个道理，亲手断送了一个非常优秀的小天使。

孩子为什么会不喜欢自己呢?

原因是这位母亲整天给孩子灌输“你是笨蛋”、“你真没出息”等等思想。孩子哪有那么强大的心理素质呀！久而久之，孩子自然也就觉得自己很差，甚至差到了不想活的地步。

教训总是惨痛的，孩子是最无辜的。因为家长的错误引导，孩子付出了生命的代价。这个孩子的生命才刚刚开始，所有精彩的环节还都没有开启，就这样糊里糊涂地结束了。多么惨痛的教训呀，多么可悲的父母呀。

引以为戒，作为家长，一定要给孩子一双欣赏自己的眼睛，一颗喜欢自己的心。

1. 学会欣赏孩子。

孩子是父母生命的延续，父母都有“望子成龙”的期望。但是，父母们，请不要忘记孩子是平常人，不是神童，也不是超人，不要给孩子太大的压力。父母应该比任何人都要懂得欣赏自己的孩子，这样孩子们才能在父母的欣赏中学会悦纳自己。

2. 告诉孩子：犯错了，我们也喜欢你。

世界上没有不犯错误的人，孩子更容易犯错误。孩子犯错误说明孩子在成长，作为父母，要允许孩子犯错误，在孩子犯错时不要说出一些伤害孩子的话，多说肯定孩子的话，让孩子知道父母不会因为他们犯了一些错误就不喜欢他们了，就觉得他们很差。

3. 鼓励孩子正确看到自己的缺点。

孩子身上有缺点并不可怕，只有能正视自身不足的人才能不断完善自我，才能不断进步。记得有人说过："认清自己，成为自己的老师，才是最大的能者。"父母要告诉孩子，在成长的过程中，孩子们面对的最好的帮手就是自己，如果不悦纳自己，那么还能依靠谁获得成功呢？

5. 谦逊接受批评，就是进步

很多年前，陶行知先生在一所小学里担任校长。一天，他透过窗户看到一名男生正欲用一块砖头砸另一名学生的头。陶校长立即制止了男生的行为，并责令他去校长室等候处理。

过了一会儿，陶行知校长处理完手上的工作回到了办公室里，只见刚才那名男生已经等候在校长办公室里了。陶校长没有立即斥责这名男生，而是从兜里拿出一块糖递给了男生，"这块糖奖励你遵守时间，提前来到办公室里等候我。"说完，陶校长又递给了他一块糖，"这块还是奖励你的，你听从我的命令，停止对同学继续施暴，说明你还是尊重师长的。"接着陶校长继续递给男生第三块糖，"第三块糖依然奖励你，因为你打人的动机是正义的，为了教育那名学生欺负女生的恶行。"

至此，陶校长没有说一句批评这名男生的话语。可是，男生却流着泪说道："校长，我知道错了，不管什么原因我也不应该动手打人，您不用说了，惩罚我吧。"陶行知老先生笑了笑，又递给男生第四块糖，"知错能改，善莫大焉。孩子既然您已经知道错了，就回去吧。"

在这个世界上，没有任何一个孩子不是在错误中成长起来。当孩子犯了错之后，家长和老师的批评是肯定的事情。这是他们的责任——引导孩子走向正确的道路。但是，孩子面对批评时的态度各不相同。有的孩子会哭泣；有的孩子会谦逊接受，有的孩子会顶撞批评自己的人；有的孩子甚至会产生叛逆心理，采取报复行为等等。孩子们面对批评所采取的态度，与孩子的心理素质有着密切的关系。

如果孩子能够做到谦逊接受批评，说明这个孩子已经很成熟了。面对这样的孩子，家长们没有必要非要惩罚孩子了，因为他自己已经认识到了错误，并且从批评中得到提高，这是进步的表现。事例中的这个男孩最终没有受到校长的惩罚，因为他已经谦逊地接受了校长的批评。陶行知先生正是看出了这一点，才放弃了对他的惩罚。

那么，家长们应该怎样培养孩子谦逊接受批评的能力呢？在亲子沟通中，家长需要把握住以下三点：

1．不要惩罚，要以同理心与孩子进行沟通。

美国儿童教育家海姆·吉诺特曾经说过：“惩罚不能阻止不良行为，它只能使罪犯在犯罪时变得更加小心，更加巧妙地掩饰罪行，更有技巧而不被察觉。孩子在接受惩罚时，他会按下决心以后要小心，而不是要诚实和负责。”所以父母在与孩子沟通时，应该做的是以一颗同理心去引导孩子，而不是惩罚孩子。

2．引导孩子换位思考，让孩子站在对方的角度上。

很多孩子对父母的批评不能谦逊接受。面对这样的孩子，父母必须要想法设法地让孩子接受批评，只有真心接受批评，孩子才能成长。这时，父母不妨尝试一下引导孩子站在对方的角度想问题，让孩子想象一下假如自己就是对方，遭受同样的对待，是一种什么感觉。这种方法可以帮助孩子有效摆脱“以自我为中心”的思维模式，更加客观、理性地对待批评。

3．告诉孩子，合理地批评是为了帮助他。

父母的批评，老师的批评，其他人正确的批评，都是为了孩子好。这些人不是孩子的敌人。因此，父母在批评孩子的时候首先不要把孩子摆在对立面，也要设法让孩子感觉到自己与父母是同阵营的。在这个环节上，经常性的语言暗示是非常有效的，比如：批评你是为了你好，爸爸妈妈和你是同阵营的。

6. 与其嫉妒，不如争气

嫉妒是人类的潜在情绪，当人的思维处于竞争状态下，就会被激发出来。孩子也是如此，父母不要觉得孩子还小，就不会产生嫉妒的情绪，其实早在孩子还只是一个小婴儿时，就已经产生了嫉妒的情绪。

当丽丽还是一个只有三个月大的小婴儿，却做出了令父母哭笑不得的事情：

看到妈妈给其他婴儿哺乳时，会立即大哭起来。这时如果妈妈停下来，不去哺乳其他孩子，她的哭声就会立即停止。

当时妈妈只是觉得好笑，并没有太在意，更没有往“嫉妒”情绪上联想。后来，丽丽大一点了，嫉妒心理就更加严重了。她见不得其他同学比自己成绩优秀，比自己长得漂亮，比自己受老师的喜爱……丽丽时时刻刻都在嫉妒他人。这种嫉妒的心理让丽丽过得很不开心。

后来，丽丽的妹妹出生了，她竟然开始嫉妒自己的妹妹，觉得妈妈爱妹妹比爱自己更多。因此，丽丽非常讨厌自己的妹妹。一次，妹妹无意间动了丽丽的芭比娃娃。丽丽竟然狠狠地抽了妹妹一个嘴巴。妈妈知道后，非常不能理解丽丽的举动，呵斥了她两句。没想到，丽丽的情绪一下子就失控了，她大哭着说：“我讨厌妹妹，自从有了妹妹，妈妈就不再爱我了，我恨死妹妹了。”说完，孩子就哭着跑开了。

妈妈怎么也没有想到嫉妒竟然能够毁灭亲情。

嫉妒被很多心理专家列为人类的七宗罪之首，具有普遍性，是一种危害极大的情绪。如果孩子们不能很好地控制嫉妒情绪，它不仅会给孩子带来无限的痛苦，甚至还会教唆孩子走向罪恶的深渊。这一点，现实生活中的很多父母已深有感触。

丽丽对妹妹的憎恨是大大超出丽丽妈妈的预料，她没有想到孩子竟然会有这样的想法。

事例中的妈妈一直忽视丽丽的嫉妒心理，直到丽丽因为嫉妒动手打妹妹嘴巴才察觉问题的严重性。的确，嫉妒的情绪拥有着毁灭亲情的巨大魔力。面对这样一个可怕的情绪魔鬼，父母一定要帮助孩子们获取战胜它的法宝。建议家长在日常的亲子沟通中，侧重以下三个要点：

1. 培养孩子正确的价值观。

正确的价值观可以指引孩子在前进的路上，免受嫉妒的侵害。孩子们的思想正直、光明、灵活、有远见，自然会将自己的注意力集中在正确的目标上，自然不会，也没有时间和精力去关注周边不相干的事物变化。这样一来，产生嫉妒的因素没有了，嫉妒的情绪自然也不会凭空冒出来。

2. 父母不要拿孩子和别的孩子比。

很多父母虽然教育孩子不要攀比，自己却习惯性地拿自己的孩子与别人的孩子比。如果比赢了，父母就会很得意；相反，比输了，孩子也就成了出气筒。这样的行为，会增长孩子的嫉妒心理。通常，孩子们会将父母经常用来与自己比较的对象作为嫉妒的目标。

“妈妈，我一点也不嫉妒丽丽穿得漂亮。”尽管孩子这么说，可是每次看到丽丽穿上漂亮的衣服，总会盯着看好久。这就是父母经常将两个孩子比较后的结果。事实上，这个孩子说了假话，真实的心理是这个孩子非常嫉妒丽丽穿得漂亮。那么，孩子为什么会说假话呢？这是孩子们自我保护的一种形式，他们担心自己的想法不被家长接受，才故意顺着家长的意思说的。因此，父母不要总是拿孩子和别的孩子比，防止为孩子播种下嫉妒的种子。

3. 给孩子更多的爱和关注。

嫉妒产生多与爱和关注有关。通常情况，缺乏爱和关注的孩子更容易产生嫉妒情绪。在孩子成长的过程中，没有过多的物质比较、能力比较，更多的是爱和关注的比较。父母的爱和关注才是孩子最大的财富。作为父母，给予孩子最大的爱和关注，有助于培养孩子良好的管理情绪的能力，为孩子打造结实的心理基石，同时还可以有效地杜绝孩子产生极端性的嫉妒情绪。

7. 教孩子勇敢站起来、说出来、唱出来

“贝贝这个孩子，最近是怎么了？以前挺活泼开朗的一个孩子，怎么近期总是一个人默默地蹲在角落里呀。”班主任王老师说道。

“是呀，我也发现了，这孩子现在上我的课也不怎么积极了，眼神躲躲闪闪的，恐怕我提问她。”语文李老师说道。

“我记得原来贝贝最喜欢上你的课了，上一次作文大赛，她的作文还获奖了呢。”王老师说道。

“就是，这孩子对语文感兴趣。现在不知是怎么了。”李老师说道。

为了弄清楚状况，帮助贝贝，王老师觉得应该和贝贝的妈妈沟通一下。

王老师将贝贝在学校里的情况如实向贝贝妈妈反映。贝贝妈妈听完之后，沉默了很久，说道：“王老师，我觉得孩子的情况，是因为我和他爸爸离婚导致的。这样吧，这段时间我和他爸爸多陪陪他，沟通沟通。您也多开导开导他。”

回到家里之后，妈妈问贝贝：“贝贝，老师说你现在不爱说话也不爱唱歌了，总是一个人缩在角落里，是不是因为爸爸和妈妈离婚对你产生的影响。”

贝贝默默地低着头，没有否认。

妈妈明白自己猜对了，于是对贝贝说道：“孩子，不管爸爸妈妈是不是离婚，我们永远和以前一样爱你，这一点是不变的。而且你要是想爸爸了，爸爸就会立即来看你的。”

“可是妈妈，我觉得没有家了。”孩子终于说了一句话。

妈妈很内疚，的确离婚给孩子带来的伤害太大了，“宝贝呀，你怎么会没有家呢？妈妈的家是你的家，爸爸的家也是你的家。我们永远都是你的父母，绝对不允许任何人伤害你。只是爸爸和妈妈不在一起住了

而已，其余的都没有变呀。”

“怎么可能没有变呀，你和爸爸不是一家人了。”孩子哭着说道。

妈妈抱住了贝贝，“孩子，我们永远是一家人，因为我们有你，所以爸爸和妈妈永远都是亲人。只是我们不适合在一起生活了。”

听到妈妈这么说，贝贝的心里觉得好受多了。

孩子的情绪影响着孩子的行为。当孩子产生恐惧情绪时，他会变得自闭，喜欢待在角落里，不愿意向外界展示自己，比如：站起来、说出来、唱出来、走出去等等，这些行为对他们来讲都需要克服很大的心理障碍。

那么作为家长，如何教孩子勇敢展示自己呢？父母们不妨从以下两点切入沟通环节：

1. 深挖让孩子缺乏安全感的根源。

例如事例中的贝贝之所以感到恐惧，缺乏安全感是因为父母的婚姻破裂，她觉得自己没有家了。当母亲找到问题的根源后，对症下药，与孩子进行了针对性的沟通，大大减少了孩子的恐惧心理。

因此，想要教孩子勇敢站起来、说出来、唱出来，克服恐惧心理，父母们需要寻找让孩子产生恐惧的根本原因，以便对症下药。

2. 帮助孩子克服恐惧心理。

克服孩子的恐惧心理首先要帮助孩子树立自信心，提高孩子的整体素质，比如：

多给孩子展示自己的机会。父母可以多给孩子提供在人群面前讲话的机会，不管孩子说的好不好，只要孩子敢于站出来，就是进步，就必须要鼓励孩子。很多孩子为了得到父母的鼓励，非常喜欢“炫耀”自己，不要阻止孩子的行为，只要孩子能够树立起自信心，“炫耀”一下又何妨。

其次，事先精心的准备有助于克服孩子的恐惧心理。事实上，在人前展示自己，很多人都会觉得有些紧张。消除紧张最好的方法就是已经做了充分的准备。因此，父母可以事先和孩子一起做足准备，以此来有效降低孩子的恐惧心理。

第二章“自律能力”沟通

好孩子是“自律”出来的——全世界成功者都在践行的理念

孩子，你是这样吗？起床可以赖一小时、读书可以明日复明日、玩耍起来永远不想停下……其实，到了关键时刻，人生不会多给你一次机会。学习自律，并不意味着牺牲，而是用短暂的舍弃去赢得更广阔的人生舞台。

1. 守时守诺，自律力在无形中得到提升

很多父母都希望自己的孩子可以站在更高的起点上，不要像自己这样辛苦。因为很多人在人生的路途中，经历了很多的痛苦和挣扎，才获得了稳定的生活。所以，他们不希望孩子也经历这些风雨。

其实，这种想法是不正确的。无论父母怎样努力，孩子的路终究要孩子自己面对，即便是或多或少地沾了点父母的光，终究主角也是孩子自己。只有那些经历过风雨的孩子才能勇敢坚强地面对生活，那些生活在温室中的花朵是无法在大自然中顽强地生存的。然而，这一切的基础就建立在自律力上。

梓轩妈妈是一个非常注重诚信的人，重视培养孩子守时守诺的品质，经常在生活的小事上锻炼梓轩。

晚饭后，梓轩吵着要看动画片。妈妈提出要求每天只能看半个小时的电视。

“好的。”梓轩答应得很痛快。

愉快的时光总是显得那么短暂。很快，半个小时到了，梓轩装作忘了妈妈的要求，继续若无其事地看下去。

“时间到了，去把电视关掉，我们必须说话算话。”妈妈严肃地说道。

“妈妈、妈妈，我再看最后一集就不看了，拜托了。”梓轩可怜巴巴地乞求着。

“不可以，你必须说话算话。事先已经说好了。”妈妈斩钉截铁地答道。

梓轩觉得有些委屈，一副要哭的样子。见到儿子这副样子，梓轩妈妈非常心疼，她抱了抱孩子，说道：“好孩子，我们一定要说话算话，

你把电视关掉，妈妈陪你玩一会儿，好不好？"

"好的。"孩子还算听话。

孩子就是这样，如果在一开始就帮他形成习惯，后面就简单多了。现在的梓轩妈妈再也不会因为孩子看电视的问题和孩子不愉快了。梓轩已经习惯了，每次看电视，不管大人在不在场，只要到了半个小时，他都会主动关掉电视机。

其实，培养孩子守时守诺的品质，并没有父母们想象中那么复杂。孩子的适应能力非常强，只要家长能够和孩子一起熬过最初的时光，待到孩子逐渐习惯了，一切就简单多了，只是顺其自然的过程。

那么，父母怎样培养孩子守时守诺的习惯呢？

1．一定要相信自己的孩子。

父母对孩子的信任，是给孩子最好的鼓励。培养孩子守时守诺习惯的过程中，父母一定给予孩子充分的信任，让孩子拥有足够的克制自己的力量。

同时，父母也要坚持以身作则。不能一边要求孩子守时守诺，一边自己不遵守所提出的要求。这样的话，无论父母给予孩子多少信任，也不能起到鼓励孩子的作用。

2．在生活的细节中训练孩子。

现实生活中，很多习惯都是在点滴生活中养成的。这样不仅容易做到，而且能够经常做到，只要家长能够坚持下来，习惯的养成是必然的事情。比如，上述事例中，主人公妈妈不正是利用看电视这样的生活琐事培养出了孩子守时守诺的好习惯了嘛。

3．孩子做得好，就要表扬孩子。

为了确保孩子养成良好的习惯，父母必须约束孩子，不能放任自流。但是，约束孩子，其效果又很有限，孩子不心甘情愿地做事情，效果自然不会好。这个时候，父母们不妨尝试采取鼓励和表扬孩子的方式，调动孩子的内在动力，自发地守时守诺。信守承诺对人生的积极意义是显而易见的，但孩子由于认知水平有限，往往无法理解。因此，家长要多鼓励、表扬孩子，这样更能激发孩子朝着自己期望的方向发展。

2. 坚持到底，在实践中锻炼孩子的自律力

现实生活中，越来越多的孩子缺乏坚持到底的自律力，做事情动不动就半途而废。这样的孩子何谈自控力。父母们一直呼吁着要提高孩子的自控力，却一次一次地纵容孩子的半途而废。他们不是“逃兵”是什么？而这样的父母正是训练“逃兵”的不合格教练。

“妈妈，我累了。”阳阳蹲在地上说道。

孩子的确是累了，刚刚在公园里走了几乎一上午。这样的运动量对于一个只有五岁的孩子而言，的确不小。如果是孩子的姥姥在，一定会二话不说地抱着孩子回家。可是，妈妈不准备这么做，她有自己的想法。

“阳阳，我们要坚持到底。坚持自己走到家就是成功。”妈妈的话，似乎激起了孩子的斗志。小家伙竟然又站了起来，大步向前走。

看着儿子脸颊上的汗水，妈妈终究还是心疼了。“阳阳，你要是真的坚持不住了，就坐在路边休息一下吧。休息好了，我们再走也是一样的。”妈妈主动降低了要求。

“没有关系，我能坚持。”听到儿子这么说，妈妈忍不住偷偷笑了。

“阳阳真的很棒，是妈妈有些累了，要不我们坐下暂时休息一下？”妈妈真的担心会把孩子累坏了，于是想找个借口让孩子休息一下。

“妈妈，我来帮你拎东西，我们要坚持。”儿子一本正经儿地说道。

就这样，母子二人你一言我一语，不知不觉竟然走到家里。

“妈妈，我们成功了，是不是？”儿子兴奋地问道。

“是的，儿子，你是一个大英雄。”妈妈说道。

众所周知，孩子的自律力是后天培养起来的。在培养孩子自律力的过程中，父母要充分利用现实生活中的点滴小事，锻炼孩子，培养孩子坚持到底的意志力。其实，孩子的自律力不够，原因就在于缺乏意志力。对于这些孩子而言，由于其自身意志力的薄弱，不能很好地约束自己，从而错失了很多成才的机会。因此，培养孩子的坚持到底的品质非常重

要。只有拥有坚持到底的意志力，孩子才能在今后漫长的人生旅途中飞得更高。

美国心理学家克莱尔·考普认为，自我控制是一个复杂的心理结构，是一种个体通过自主地调节行为，从而使个人价值和社会价值相协调的能力的反映，这种能力具体表现为：按照要求行事；在社会和教育的环境中，调整自己的言行；在没有外在监督的情况下，能够主动采取被社会所接受的行为方式。培养孩子的强大意志力是教育孩子的重要任务之一。克莱尔·考普还表示，拥有自控能力是儿童早期成长的一个重要里程碑，而且对其今后健全人格的养成及健康成长还会产生深远的影响。

坚持到底的自律力是一种影响孩子学习和社交的能力。这样的孩子更具有合作精神，从来不会轻言放弃，他们在学习和生活中更容易获得别人的认可和友谊。他们更喜欢上学，更能适应集体生活，更能理解别人、与他人友好相处。因而，他们更容易获得成功。

由此可见，坚持到底是孩子成长中必不可少的重要品质，它能有效地控制孩子的言行。如果孩子缺乏这种品质，不但会导致早期的很多问题行为，如注意力不集中，多动、爱吐脏字、爱打架、不听话、爱闹小脾气等等，还有可能会养成一系列错误的行为习惯和解决问题的方式，比如：暴力、易怒、自私、不守规则、不遵守法律，等等。因此，家长必须引起重视，在实践中锻炼孩子的自律力，培养孩子坚持到底的品质。

3. 自我约束，让孩子的道德更高尚

自我约束是一个人高尚道德的基石、成功的保障。

当时正是夏天，爸爸带着亮亮去郊外骑车。父子二人顶着火辣辣的太阳行驶在路上，一个个汗流浃背。二人都觉得疲惫不堪时，前面刚好出现一颗大梨树。亮亮见到后，精神大振，“爸爸，我们去树下休息一下吧。”

“好呀，没有想到今天的天气这么热。”说着，爸爸推着车子向树

下走去。

走进一看，这颗大梨树上竟然结满了黄澄澄的梨。亮亮看着树上的大梨，想象着一口咬下去，梨汁横流的暴爽劲儿，不禁咽了咽口水，“爸爸，咱们摘两个梨子吃吧，一看这梨就好吃，一定是又脆又甜的。”

爸爸摇了摇头，非常认真地说道：“不行，梨树的主人不在，怎么能随便摘人家的梨呢。”

听了爸爸的话，亮亮觉得有些好笑，“我觉得可能这颗梨树就没有主人，你看这四周，孤零零的就这么一棵树。”

听了亮亮的话，爸爸用手指了指自己的胸口，反问道：“这颗梨树可能像你说的那样没有主人，难道我们自己的心也没有主人吗？”

亮亮听完，默默低下了头……

从这个事例中可以看出，自我约束是很难的，必须有坚强的意志力，不管周围什么情况，有没有其他人关注自己，又或是面临着强大的压力，都必须保持自律，理性控制自己的行为和欲望，成为自己真正的主人。

一个懂得自我约束的人，他的人品一定值得信赖。在亲子沟通中，父母想要培养道德水平高的孩子，就需要提升孩子的自我约束能力。

提升自我约束力的关键在于意志力的培养。要知道意志力是与生俱来的，每个孩子都有。只是在成长的过程中，有的孩子的意志力得到了锻炼，有的孩子的意志力则逐渐丧失殆尽。而父母对孩子的教育方式决定着这一切。如果父母想要提升孩子的自我约束能力，为孩子铺通一条通往成功的捷径，那么一定要注意对孩子意志力的培养。

下面总结一下，提升孩子自我约束力的沟通要领：

1. 引导孩子习惯将大目标、大任务分解成小目标，小任务。

孩子们面对一向艰难的任务常常会心生畏惧、退缩不前，还没有行动就已经消磨了孩子的意志力。这时，家长不要责备孩子，这是人的一种自然反应，引导孩子将大任务细分成几个小任务，一个个击破，这样就降低了孩子对大任务的恐惧心理，无形中提高了孩子的自我约束力。

2. 引导孩子将目标具体化。

美国罗德艾兰大学的心理学教授詹姆斯·普洛斯曾经做过调研，调研的结果表明：目标越具体化，越容易被完成。所以，家长们要引导孩子在制定目标的时候，不要制定一些空泛的目标，要具体一些，这样有助于孩子的自我约束。

3. 教会孩子学会给自己设定底线。

孩子的自制力差，做事情一拖再拖，或是半途而废。不管哪种情况，都是没有底线的原因。所谓底线就是禁区，不能跨域的界限。如果孩子们实在是约束不了自己，就给自己设立这样一条底线，一条在任何情况下都绝对不可以跨越的底线。

4. “学会忍耐”是个好现象

美国教育界有这样一个著名的“棉花糖效应”——“四岁不急着吃棉花糖，四十岁成为亿万富翁”，事情的经过是这样的：

美国斯坦福大学心理学教授沃尔特·米歇尔曾组织过这样一个关于“忍耐力”的实验。工作人员随机选择了一批小朋友作为实验对象，并给参加实验的小朋友每人一颗棉花糖，告诉他们：如果立即吃掉棉花糖，就只能吃到一颗糖；如果过二十分钟再吃的话，就可以再获得一颗棉花糖。随后，工作人员离开，现场只留下孩子们独立做选择。过了一会儿，工作人员回去核查结果，发现：一部分小朋友选择了立即吃掉糖果；而另一部分孩子却坚持着不吃棉花糖……

很多年之后，沃尔特·米歇尔再一次跟踪这个实验，发现，当年那些有忍耐力的孩子，无论在学业上还是事业上都取得了很好的成就。

这项实验再一次证实了忍耐力的重要性，具有忍耐力的孩子，无论在事业上还是学习上都能取得一定的成绩。现实生活中，很多家长看到自己家的孩子被欺负，只是忍耐也不还手，心里会非常不舒服，比自己受欺负还难受，回到家里后，立即强化对孩子的“零忍耐力”的教育：

若下次再被欺负，定要以牙还牙，以血还血。难道将孩子教育成一名睚眦必报、没有一点忍耐力的人真的好吗？

丽丽今年三岁了，小区里的孩子几乎都比她大。因此，和他们在一起玩的时候，丽丽经常会受些欺负。奶奶是个急脾气，每次看到孙女受欺负，就气得牙根痒痒，恨不得立即冲上去把欺负孙女的坏孩子揍一顿。可是，奶奶是大人呀，不能这么做。于是，回到家里，奶奶就向丽丽反复灌输“别人打你，你就打他，用力打！下次再让我看到你挨打不还手，回来我就打你。简直太窝囊了。”奶奶的威胁有效果了，丽丽有些害怕地看着奶奶。

经过奶奶的反复“教诲”，丽丽终于学会了“打人”。奶奶乐坏了，于是将孙女好好赞美了一番。丽丽更加确信“打人”是正确的。就这样，在奶奶的培养下，丽丽成了“打架高手”全小区闻名。只要是和丽丽一起玩过的小朋友，全都被丽丽打过。有一次，丽丽竟然因为一个小朋友没有回答她的问题，便一把薅住了小朋友的头发。任由奶奶和其他在场的家长劝说，丽丽就是不肯松手，硬是将小朋友的头发薅下来了一束。小朋友疼得哇哇大哭。周围的家长们纷纷指责丽丽。奶奶看着丽丽那恶狠狠的目光，也意识到了问题的严重性。

雨果曾经说过：“人在逆境里比在顺境里更能坚持不屈，遭厄运时比交好运更容易保全身心”，建议父母们，将这句好写在纸上，放到经常看到的地方，时刻提醒自己不要给孩子太顺的成长环境，这不利于孩子的身心发展。

人的一生，忧患是与生俱来的，顺境是我们的愿望，而逆境才是生活中的应有之理，应有之义。愿因是，逆境可以培养人的忍耐力，一步步提高人的忍耐极限。

西汉文学家司马迁，承继父亲的遗志，遍访祖国的名山大川，广泛收集资料，准备着手编著《史记》。就在这时，他因替李陵求情，触怒龙颜，被处以宫刑。奇耻大辱，让司马迁陷入了巨大的逆境中。他几次徘徊在生死边缘，最后凭借着强大的忍耐力战胜了自杀的意念和他人鄙视的目光，完成了流传至今的鸿篇巨著《史记》。

司马迁与他耗时四十载完成的《史记》是不朽的。这位历经磨难的史学大师，凭借着超强的忍耐力，完成了毕生的追求，也为后世留下了一笔珍贵的文化遗产。

人的忍耐力是强大的，但是会不会忍耐是个人的选择。忍耐不是窝囊，忍耐是人在经受磨难时，上天赋予我们的武器。

5. 不就是不——规矩没有商量

宁宁放学回到家里，“妈妈，我饿了，我需要吃点零食。”说着孩子拿起一袋薯片吃了起来。

妈妈走了过来，拿回宁宁手中的薯片，说道：“在坚持一下，马上就吃饭了。”

“我饿了，先吃点薯片，不会吃饱的，吃饭的时候，我会好好吃的。”宁宁拉着妈妈的手，央求道。

“不行，晚上不许吃零食，这是我们早就商量好的规矩。”妈妈坚持不妥协。

宁宁生气了，太高了音调：“为什么这么多规矩呀，饿了吃点东西你都管，我还有没有点自由呀。”

听到女儿这么说话，妈妈也有些不高兴，“你怎么这么和妈妈说话呀，这些规矩不是我们一起制定的嘛，那个时候已经给你参与制定的自由了，现在规则订好了，就不能随便违背。况且，这些规则也是为了你的身体健康而制定的呀。”

妈妈的话说得有道理，宁宁听完哑口无言。

妈妈接着说道：“如果这一次我答应了，你破坏了规矩，那么有一就有二，很快规矩就是一张废纸，一点约束力也没有了。宁宁，这条规则约束的不仅仅是你一个人，还有我和你爸爸，我们大家在规矩面前是平等的。这样好不好，你先坚持一下，从明天起，我尽量早一点做晚饭，这样你一放学就能吃上饭了。不过，如果妈妈有特殊情况，咱们互相体谅一下，好不好？”

宁宁没有说话，只是点了点头。其实，在她的心里已经认可了妈妈的话，只是出于面子没有向妈妈道歉。

这时，一旁的奶奶走了过来，偷偷递给宁宁一块巧克力。宁宁接过奶奶递过来的巧克力，并没有放进嘴里。“奶奶，我留着明天早上吃吧。”宁宁小声地和奶奶说道。

现实生活中溺爱孩子的家长越来越多，无论孩子提出什么要求，父母们总是点头答应，越来越多的家长不会对孩子说“不”，更准确地说是不愿意对孩子说“不”。其实，对于孩子提出的一些不合理的要求，家长是有说“不”的权力的。孩子的自控力不够，需要家长的监督和管制。如果家长发现了孩子的一些不当要求，依旧放纵，这是对孩子的不负责任。因此，该对孩子说“不”就必须拒绝孩子，父母们爱孩子，但不要宠孩子。

1. 引导孩子提合理的要求。

父母一定要有底线，不要轻易被孩子征服。对于孩子提出的要求，合理的满足，不合理的，要坚决拒绝。否则，日后孩子会提出更多的要求，而且他们的手段也会越来越高明，孩子们会紧紧抓住父母的软肋，以哭闹、撒娇、不吃饭等等形式逼迫父母答应自己的要求。因此，对孩子必须从一开始就坚守阵地，寸土不让，让孩子明白父母是有底线的，说“不”就是不，绝对没有商量，无论孩子使出什么招数，从而引导孩子只提合理的要求。

2. 拒绝孩子的理由要充足，引导孩子体会父母的苦心。

父母拒绝孩子时，一定要有充足的理由，并向孩子说明，引导孩子站在父母的角度思考，体谅父母的苦心。很多父母总是说，“拒绝你也是为了你好”，事实上，父母的确是为了孩子在着想，只是孩子根本不明白父母的用心，也根本听不懂这样的话。因此，父母一定要提出具体的说服力，让孩子信服的理由，从而诚信向孩子解释。

3. 说“不”要坚决，不要被孩子的“花招”动摇。

很多父母不忍心看到孩子哭泣、失望、委屈的样子，因为无法真正坚持到底，最后被迫让步，答应了孩子的请求。这样的做法所带来的后果非常严重。孩子会认为只要自己坚持，父母就一定会做出让步的，于是越来越过分，提出更多的无理要求，养成索求无度的恶习。因此，父母一定要坚决，不能被动摇。

6. 跟上时间的步伐，别再拖延

每个孩子对时间的感知分为两个部分：客观时间和主观时间。

客观时间就是钟表上表示的时间；主观时间则是指不同的孩子对时间流逝的内在感觉，如：做喜欢做的事情时，会感觉时间过得真快呀，而做不喜欢的事情时，却觉得时间过得可真慢呀，太熬人了。这就是“主管时间”，没有具体的量化标准，却带有感情色彩。

其特点是，对于喜欢的事情，孩子们总会觉得时间太短，而对于不喜欢的事情，孩子们总是觉得时间太长。事实上，这只是客观时间一样，主观时间不一样而已。

主观时间长了，自然就会产生休息一下的念头，其实客观时间可能才过了几分钟。反复重复几次，拖延的现象就出现了。

拖延可以消磨孩子的自制力。明日复明日，孩子的事情总是做不完。因为“明日”，所以孩子的意志力松懈了，懒惰、颓废就这样成为了我们的敌人。想要克服这些“敌人”，父母必须培养起孩子的自制力，克服拖延的习惯。事实上，只要有足够的自制力，克服拖延，跟上时间的脚步，成功也只是早晚的事。

传说中有一只小鸟，叫寒号鸟。这种鸟长着四只脚，但是它不会飞。夏天的时候，寒号鸟全身长满了漂亮的羽毛，样子十分美丽。于是，它整日四处闲逛，炫耀着美丽的羽毛。等到秋天到了，很多候鸟都飞去了南方，或是辛勤劳作，为过冬做准备。只有寒号鸟依然终日闲逛，沉浸在自我欣赏中。

冬天终于来了，其他鸟儿都躲进了自己温暖的鸟窝里，美美地吃着之前准备下的食物。只有寒号鸟没有自己的窝。北风呼呼地吹，寒号鸟冻得直发抖，心想："太冷了，等天亮时一定要打一个窝。"可是等到天亮后，温暖的阳光照射大地，寒号鸟又想："等明天在搭窝。"

就这样，明日复明日，寒号鸟久久没有搭好窝。最后，天空中下起了雪，寒号鸟无处避寒，被冻死了。

面对有拖延习惯的孩子，家长们不妨尝试一下下面介绍的方法：

1. 培养孩子的时间观念。

家长不妨效法学校里的考试，模拟生活考试。给孩子规定做事的时间，到了规定时间即使事情没有做完也要停止。久而久之，孩子自然就会养成高效率做事的习惯。即使家长不再规定时间，孩子们也会按照原来的习惯，在规定的时间内完成事情。

2. 催促不管用，试试表扬。

对于孩子没有时间观念，具有拖延的行为，很多家长只是不停地喊叫孩子。可是家长越是催促，孩子越是磨蹭。面对这样的孩子，家长不妨尝试一下表扬孩子，利用表扬的特殊作用，调动孩子的积极性，从而摆脱拖延的控制。

3. 检测教育方式，不要溺爱孩子

事实上，很多孩子之所以养成了拖延的习惯，与家长的教育方式有着直接的关系。很多家长溺爱孩子，孩子说什么就是什么。发现了孩子有拖延的毛病，也不肯深究，更有甚者，干脆帮孩子处理掉事情。这样的教育方式，只会让孩子越来越没有自制力，做事情习惯性拖延。"反正到最后爸爸妈妈着急了就会帮我做"一旦孩子形成这样的思想，家长想在纠正就困难了。

7. 教孩子管好自己的社会性行为

一个国庆节，很多"熊"孩子引发了社会的热议。

有的孩子随手乱扔吃完的果皮，有的孩子随地大小便，有的孩子在旅游景点的墙壁上乱写乱画，有的孩子骑在名人贤士的雕像上拍照等等。看到这样的新闻，很多父母觉得没有什么呀，孩子嘛，不懂事的，大一点就好了。

是吗？现在依然有很多成年人随地吐痰，明明不远处就有垃圾桶，依然随手乱扔垃圾，甚至有成年人带着狗去海边洗澡，全然不顾其他游客投来的异样眼神。用他们的话说："旅游区的管理员都没有管我带着狗洗澡，你凭什么管我。"也许你的狗很干净，经常洗澡，但是狗的身上有很多的寄生虫这是事实。为什么不能说呀……做出这些行为的都是成年人，他们已经长大了，可是他们的社会行为良好吗？

很显然，培养孩子良好的社会性行为需要家长从小抓起，而且是越小越好。不要认为，这些不起眼的行为对孩子没有太大的危害。很多小朋友之所以人际关系不好就是因为没有良好的社会性行为。

"妈妈，我决定不和陈子欣玩了。"小溪说道。

"为什么呀，你们不是关系很好嘛？"小溪妈妈问道。

"陈子欣她随地小便，搞得我也跟着一起丢人。"小溪说道，"我们两个一起练舞的时候，她嫌厕所太远就在更衣室的角落里小便，还让我帮她看着点别人。我原本不想管的，经不住她一次次的哀求，于是就勉为其难答应了她。结果，后来一位同学进去换衣服的时候，不小心踩到了子欣的小便，被滑倒了，崴了脚。教练就去找清洁工阿姨，责怪清洁工阿姨没有把地面擦干。可是清洁工阿姨非常肯定自己已经擦干了。于是大家一起看录像。结果就看到了陈子欣小便的情景，还看到了我帮她把风。教练把我们俩都训斥了。"

看着孩子委屈的样子，妈妈问道："你是不是觉得很委屈呢？"

小溪点了点头。

"可是那位同学的确是因为你们两个才滑倒的呀。"妈妈说道。

"可是，我是被迫的，我一开始并没有答应帮忙把风呀。"小溪说道。

"所以，你觉得你就没有责任了吗？"妈妈问道。

"不是的，我只是责怪陈子欣，但是我却是也做了错事。"小溪低声说道。

“对呀，不管欣欣怎么央求你，你都应该坚持原则呀。不过通过这件事你也要引以为戒，在公共场合约束自己，不要给他人带来不便。”妈妈说道。

孩子的思维简单，有些问题考虑得不全面，因此，孩子的社会性行为差，根源在于父母身上。父母的教育方式出现了问题，导致了孩子形成了错误的是非观、道德观。就说那名带着狗去大海里洗澡的游客，这样一个小事情充分反映出了他的家教。虽然没有人能够强制干涉他，但是他的这种不考虑别人的做事风格，注定他在朋友圈、亲人圈、同事圈是一个没有好人缘的自私鬼。有谁会喜欢这样没有素质的人呢？那我们的孩子当然不能成为这样的人，孩子即便是不能让所有人喜欢，但至少应该不让人讨厌吧。

家长们要以身作则，给孩子树立榜样，约束好自己的社会性行为，如：遵守交通规则、不乱扔垃圾、公共场所不吸烟、人多时排队，等等。这些看似不起眼的小事，体现的是孩子的教养问题。

第三章“自理能力”沟通

能自理的孩子才有明天——亲子沟通的重中之重

为什么孩子总是需要父母照顾，为什么孩子总是丢三落四，为什么孩子总是离不开父母……其实，离开家后，没有人会代替你做任何事情。学习自理，并不意外着吃苦，而是用一时的辛苦换取终生的幸福。

1．小测试：孩子的自理力是高还是低

为什么孩子总是需要父母照顾，为什么孩子总是丢三落四，为什么孩子总是离不开父母……其实，离开家后，没有人会代替你做任何事情。学习自理，并不意外着吃苦，而是用一时的辛苦换取终生的幸福。

孩子长到五岁时，语言表达能力、四肢协调能力和大脑功能基本上都完善了。此时的孩子应该具有基本的自理能力了。下面我们来测试一下孩子们的自理能力。

1. 基本的自理技能——吃东西

对于五岁的孩子而言，吃东西已经是一件非常容易的事情了。这个时候，家长应该引导孩子放下勺子，学会使用筷子了。而且告诉孩子不能再剩饭了，要吃多少就盛多少。

您的孩子做到了吗？

2. 基本的自理技能——保持个人卫生

五岁的孩子要能够独自刷牙、洗手、洗脸、上卫生间，要有早晚刷牙、洗脸的习惯，便后洗手的习惯，衣服、鞋子脏了要有主动更换的意识。

您的孩子做到了吗？

3. 基本的自理技能——穿脱衣服

这个时候的孩子，要有独立穿脱衣服的能力，不需要家长再帮忙，并且懂得辨别鞋子的左右、衣服正反、裤子前后，更换下来的脏衣服放到指定地点，不许乱扔。

您的孩子做到了吗？

4. 基本的自理技能——讲礼貌

五岁的孩子已经有了完善的语言表达能力，要有良好的礼貌习惯，主动和人打招呼，如“您好”、“再见”、“谢谢”、“不客气”等等

之类的词语要随口而出。对待父母要尊重，对待兄弟姐妹要谦让。

您的孩子做到了吗?

5. 基本的自理技能——会做家务

五岁大的孩子，四肢协调能力和大脑功能基本上都完善了，已经有能力做很多家务活了，如：收拾玩具、叠被子、浇花、扫地、擦桌子等等。孩子要意识到自己是家庭成员之一，有做家务活的责任。

您的孩子做到了吗?

6. 基本的自理技能——认识路

五岁的孩子应该有认路的能力，不仅是回家的路、去学校的路，对于一些经常去的地方也要认识路。除此之外，孩子还能熟练说出自己家的具体地址，父母的姓名。

您的孩子做到了吗?

7. 基本的自理技能——有自己的朋友圈子

五岁的孩子一般有固定的朋友圈了。在与朋友玩耍的过程中，懂得协商游戏规则、维护公平、出现矛盾时懂得沟通，尝试找出解决的办法。

您的孩子做到了吗?

孩子需要学会自理，学会基本的生活技能，照顾自己、打扫庭院、化解简单的冲突。这样的孩子才能形成良好的习惯，建立起强大的心理防线。才能拥有更好的明天。

2. 独立意识萌芽期，鼓励孩子自理

“萌萌长大了，应该学着自己吃饭了，看妈妈爸爸都是自己吃饭的。”妈妈说。

孩子很听话，小手试着拿勺子。“哎呀”，孩子没有把食物送进嘴里，弄了一身。

“你们可别难为孩子了，这么小能自己吃嘛，你看弄一身不是。”姥姥在一旁埋怨着。

“妈，孩子需要学着自理了，不能再什么都帮他做了。”女儿说道。

“我不听你的大道理，我就记得你像萌萌这么大时还天天吃奶呢，”姥姥说道。

“哎！”萌萌妈叹了一口气。

几天后，“萌萌真棒，会自己吃饭喽。”妈妈说道。

“哎呀，萌萌来，他们不喂，姥姥喂你。”姥姥说着就想拿过孩子手中的勺子，喂孩子吃饭。

还没等萌萌妈妈说话阻止，萌萌先反对起来了，“不要姥姥喂，我要自己吃饭。”

姥姥和妈妈惊讶地看着萌萌。

“孩子说得对，妈妈，如果你不鼓励孩子自理，将来孩子上幼儿园怎么办？眼看着就到三岁了。”萌萌妈妈趁机说服姥姥。

三岁前后是孩子养成各种良好生活习惯的重要时期，父母在孩子独立意识萌芽期，适时的强化孩子的自理习惯，更能起到事半功倍的效果。

现在的很多家庭渐渐步入4+2+1人口发展模式。倒金字塔型的人口发展模式，让越来越多的孩子收获到了更多的爱与关注，使孩子的自理能力越来越差。这种现象在幼儿园的小班孩子身上最为明显。

随着孩子自理问题的不断曝光，越来越多的家长开始关注孩子自理能力的培养。下面结合具体情况总结了如下四点关于培养孩子自理能力的沟通技巧：

1. 及时给孩子灌输自理的意识。

随着孩子独立意识开始萌芽，父母要逐渐给孩子灌输自理的意识，如：“自己的事情自己做”、“自己动手，丰衣足食”等等。不要觉得孩子听不进去。这个时期的孩子总体上还是非常听话的。

2. 日常生活中，孩子的事情尽量让孩子自己做。

比如：穿衣服、吃饭、洗漱、刷牙等等，这些事情尽量让孩子自己做。最开始孩子做不好，或是做不成功，家长可以帮忙，但是不能包办。事实证明，只要家长有耐心，孩子什么事情都能学会。

3．对孩子的姿态要始终保持一致。

良好生活习惯的形成需要一个过程，在这个过程中，家长对孩子的态度、要求、原则要始终保持一致，切记三天两变，这样会把孩子弄糊涂的，不知道应该按照什么标准做。比如，今天家长情绪很好，孩子提的任何要求全部应许，包括平时坚决不许的“边吃饭边看电视”的原则也破例答应了。这让孩子感到很疑惑，“原来这个铁规矩也可以商量呀，那下一次我多求求妈妈，说不定她又会答应我的。”孩子的思维出现了松动，接下来的日子，家长恐怕要花费很大力气与孩子周折了。

4．孩子做得不好，不要训斥孩子。

静静是一个非常懂事的孩子，五岁的时候妈妈开始教她包饺子。静静学得很认真，可是依旧总是出错。每次静静出错时，妈妈都会在一旁训斥她，甚至用筷子敲她的手。静静觉得学习包饺子一点都不好玩，于是再也不愿意学习了。

刚开始接触做家务活时，很多事情都得慢慢学，父母要有耐心，多鼓励孩子，不要动不动就训斥孩子，要学会欣赏孩子，看得见孩子的进步，及时鼓励孩子，让孩子在愉快、轻松的环境中成长。千万不要打击孩子的积极性，过多指责会伤害孩子幼小的心灵。

3．父母不“多做”，孩子才能会“做”

一所小学的门口，每天上学、放学的时候，都会出现交通阻塞的现象。造成交通阻塞的原因就是小学门口处里三层外三层的背着书包的家长。“家长背书包”这个奇怪的现象，充分反映出了当下家庭教育中的普遍现象：家长为孩子做得太多了。

陈宇和墨阳是邻居，两个孩子的年龄也相仿，因此是很好的朋友。

陈宇的父母非常重视孩子，把大把的时间和精力都花费在了孩子的身上，对孩子的照顾可以说是无微不至。从每天的穿衣脱袜、喂水喂饭，甚至到了陈宇上初三的年龄，他们还会将洗好的水果切成一块块小丁，扎上牙签放到孩子的身边。每当陈宇妈妈和别人说："哎呀，每次洗好的水果放到那，人家连看都不看一眼，只有切好之后，人家才有可能顺手吃上几块。"周边的同事都觉得陈宇妈妈是位贤惠的女人，对家庭很负责任。

而墨阳家却是另一番景象。墨阳的妈妈在墨阳很小的时候就瘫在了床上，不仅不能照顾孩子，甚至连自己都照顾不好。墨阳的爸爸每天为了一家人的生计在外面忙碌。就这样，墨阳小小年纪就懂得照顾妈妈，帮助爸爸做家务。

当陈宇兴高采烈地玩着妈妈新买来的机器人时，墨阳正立在小板凳上吃力地煮饭。因为爸爸不在家，妈妈下不了床，墨阳只能自己做饭，他不能让妈妈饿肚子。陈宇这边每天上学都是爸爸妈妈车接车送，而墨阳这边从来都是自己独自上学、独自回家，年仅6岁的孩子，从来不会因为贪玩而晚回家，让妈妈担忧。有时候，爸爸需要连续出差十多天，墨阳总是能够把自己和妈妈照顾得很好。

陈宇妈妈也经常拿墨阳和自己的孩子比较，每一次都感慨墨阳妈妈的命真好，不怎么付出就培养出了这么好的孩子。

是什么原因导致陈宇和墨阳的差距呢？为什么墨阳会做这么多的事情呢？

家长的教育方式不同，培养出来的孩子自然也不同。陈宇的父母为孩子做得太多了，孩子没有了锻炼的机会，自然什么也不会做。而墨阳的父母没有给孩子做太多，因此，孩子只能自己学着去做。渐渐地，孩子自然也就学会了。

其实，孩子的能力比父母想象的大多了。只要给他们空间，让他们尝试着多做，孩子的自理能力自然很强。造成孩子自理能力差的根本原因就是父母的教育方式。家长们必须学会放手，一定要明白"父母不多做，孩子才能会做"的道理。因此，家长们一定要与孩子沟通好，将道理说明，让孩子理解父母的真正用意。

1. "妈妈不能帮你做，你需要自己学着做了"。

"妈妈，快点帮我穿衣服来。"三岁的楠宝宝伸着两只小手，呼唤着妈妈。

妈妈微笑着走了过来，说道：“宝宝，妈妈不能帮你做了，因为你已经是大宝宝了，需要自己学着做了，你看动画片里的小强因为不会自己穿衣服，被月亮阿姨耻笑了，是不是？”

孩子要求父母帮助时，父母要学会拒绝孩子，跟孩子解释清拒绝的理由，让孩子明白父母不是不愿意帮助，而是不能帮助。

2. 给孩子机会，鼓励孩子多做。

帮助孩子做很多事情，并不是为了孩子好，只是家长对自己情感的放纵，每一位家长朋友都应该从心底认识到这个观点。平日里，当家长又在帮助孩子处理问题时，就问问自己这样做是不是真的对孩子好。

3. 不要溺爱孩子。

冰冻三尺非一日之寒，那么多“娇气”的孩子不是一朝一夕形成的，是家长们花费五年、十年甚至更长时间一点点惯出来的。老人们常说：“饥寒保平安。”并不是说真的让孩子又饥又寒，而是让家长少担心些孩子，因为太多太多的家长们总是担心孩子，总是超量超额地照顾孩子，孩子总有一个承受极限，超过了极限自然就会出问题的。其他事情也是一样的，家长朋友克制一下自己的情感流露，不要过度地照顾孩子，让孩子学会照顾自己，真正成熟起来。

4. 告别依赖症：鼓励孩子“独处”

依赖症是现在很多孩子的一个通病，依赖家长，依赖老师，依赖朋友。离开这些人，孩子们觉得很无助，没有了主见，没有了勇气，没有了独立处理问题的能力。这时，家长们不禁想起了胡适先生说过的话：“独立要不受欺骗，不依赖门户，不依赖别人，这就是独立的精神”，“好儿不吃分家饭，好女不穿陪嫁衣。”现在的孩子缺的就是这种独立的精神。

美国有这样一所小学，学生是从各地精选出来的绘画小神童，专门为了培养绘画天才。

此时，绘画老师梅林正在让孩子们独立创作一幅以“快乐节日”为主线的画。结果，他发现无论是美国学生还是中国学生画的都是同样的东西——圣诞老人。

梅林觉得很奇怪，对于美国孩子而言，由“快乐节日”想到圣诞老人并不奇怪，可是对于中国孩子而言，难道也想到了美国的圣诞节吗？一番调查之后，梅林发现问题出在了教室门上贴着的那幅圣诞老人的画像。为了能够让孩子们独立创作，梅林将那幅圣诞老人图遮挡了起来，让学生重新绘制。

没有了参照物，孩子们不知从何下笔。只见孩子们一个个抓耳挠腮，半天画不出一笔。这时，梅林才发现，原来这些有着超高天赋的绘画神童竟然无法独立创作。

现实生活中，家长们花很多的时间与金钱让孩子学习各种技能，最终孩子们只是学会了理论知识，却不懂得运用。就像事例中的孩子一样，学会了绘画的技能，却不会独立创作一幅画。

校园里，孩子们一直在努力。为了能够考入理想的大学，他们一本一本地做模拟题，大搞题海战术。殊不知很多题目原本就是同一类，只需好好分析、总结，做一遍就够了。这样盲目地练习，浪费了太多的宝贵时间。

未来的世界终将孩子自己去面对，然而无论如何孩子总是需要独立精神的。如果孩子们不能独立思考问题，没有自己的主见，在思想上、心理上依赖他人，这样的孩子永远不会“断奶”。

为了孩子能够独立，为了孩子今后能够创造有意义的精彩人生，父母需要从小鼓励孩子“独处”，这里的“独处”不是仅仅只包括空间上的，还有思想上的、心理上的。下面为家长罗列几条关于“鼓励孩子”独处的沟通技巧：

1. 空间上，鼓励孩子独处。

六岁左右的孩子就应该有独处的空间了，至少应该需要有独立的床铺。给孩子提供独立的空间有助于减轻孩子对父母的依赖心理。当然在与孩子进行沟通的过程中，父母要多鼓励孩子，告诉孩子已经长大了，需要自己独立入睡，爸爸妈妈就在隔壁，不要害怕。除了独立入睡，在很多事情上也要鼓励孩子独处，如：独立吃饭、独立玩耍等等。

2. 思维上，鼓励孩子独处。

随着孩子一天天地成长，孩子的好奇心越来越重，不停地问：“为什么？”对于孩子的问题家长不要直接回答，要引导孩子自己思考答案。如：很多小朋友都会问：“妈妈，我是从哪里来的？”这时家长如果一本正经地给孩子讲生命的起源，恐怕神童也未必听得懂。有一位家长是这样处理的，“你猜。”家长说道。“我猜我一定像小猫咪一样从她妈妈的肚子里钻出来的。”孩子天真地回答道。看，其实很多时候，我们都低估了孩子思考问题的能力。他们不仅仅有超高的观察力还有丰富的想象力。

3. 心理上，鼓励孩子独处。

“我不能离开妈妈，妈妈不在我身边我会觉得害怕。”

随着孩子年龄的增长，对家长的依赖心理应该是越来越小的。如果孩子对父母的依赖心理越来越严重，那么家长就应该反思自己的教育方式了，过度依赖父母不是一件好事情。

5. 放手，让孩子去尝试

“妈妈把钥匙给我，我来开门。”晴晴见妈妈拎着好多东西，主动想要帮助妈妈。

“哎呀，宝贝这个你可做不来，这个对你而言还有些难度。”晴晴妈妈说道。

“为什么我做不了呢？”孩子问道。

“因为你从来没有做过呀。”妈妈答道。

“有很多事情我都没有做过，按照你的说法我没有做过的事情都不能做，那么我想我基本上没有什么事情可做了。”孩子说道。

妈妈惊讶地看着孩子，默默地将钥匙递给了她。

晴晴接过钥匙，熟练地打开了门……

生活中，很多家长总是不愿意放手，害怕让孩子去尝试，担心孩子犯错误、受伤害、受打击。殊不知，不让孩子去尝试才是最大的错误。自然界中，幼鸟离开母雕的怀抱，从万丈悬崖上飞下，第一次飞翔，失败了就会被摔死，可是母雕选择让幼雕尝试，因为它知道只有这样，幼雕才能长出翱翔天空的翅膀。动物尚且知道“放手”的道理，许多家长却不懂。一直牵着孩子的手，将孩子护在自己的羽翼下，不是对孩子真正的爱。对孩子真正的爱就是放手，让孩子去历练。

很多家长总是想法设法地干涉孩子的成长，从孩子第一次吃饭、洗漱、走路……他们一直在孩子身边，不停地发号施令，指挥着孩子的一举一动。的确，这样一来，孩子受的伤少了，弄坏的东西少了，受欺负的次数也少了，与此同时，孩子的自理能力也少了。这对孩子来说，真的是一件好事么。他们就像是一只被人提着的木偶，一旦线断了，就会软软倒下，离开了父母他们甚至都不能独立生存。

所以，父母需要放手，让孩子去尝试，尽管他们可能会受伤、受挫，但这是成长必须付出的代价。父母没有能力也不能阻止，要明白对孩子最好的保护就是让他学好本领，自己保护自己。在这个家庭教育的环节上，父母要以鼓励为主与孩子展开亲子沟通。

1．鼓励孩子，大胆尝试，不要害怕摔倒。

从孩子学会走路的那一刻起，父母就要学会鼓励孩子尝试着自己走路。也许孩子会经常摔倒，会受伤，但正如老人们常说的，“不磕不碰，孩子就长不大。”而且，在孩子摔倒之后，父母不要去扶他，鼓励他自己爬起来。这是孩子学习走路的必经过程。

2．鼓励孩子，自己的事情自己做。

很多家长担心孩子吃不饱，于是始终不肯让孩子自己尝试着吃饭，结果养成了不喂就不吃的习惯。接着就会发现，孩子自己不会穿衣服，喝水需要家长把水杯放到嘴边，上厕所需要家长脱裤子再穿裤子……长此以往，孩子还能长大吗？还能离开父母吗？答案是否定的，有的家长甚至因此，推迟了孩子上幼儿园的年龄。

父母这样的代办行为会延缓孩子成长的速度，甚至会培养出毫无自理能力的低能儿，这样的孩子，即使他们成年，依然离不开父母的怀抱。所以，父母们不要代办，孩子的事情让孩子自己做，做不好不要紧，只要肯尝试就进步。

3. 鼓励孩子不断尝试新事物。

台湾成功大学前校长吴京曾说：“希望孩子有出息，就要让他们有活力，能够持续不断地学习，要让孩子有一颗强烈的进取心。而进取心不是你牵着他走就能够练出来。”吴京校长是这么说的，也是这么做的。在他的英明教育下，他的三个孩子分别毕业于斯坦福、布朗等著名学府。人生多一些压力或一些磨难，绝对不是坏事，这些都是孩子成长所必需的。家长只有学会放手，让孩子去尝试，孩子才会成长，才能飞得更远。

6. 帮孩子养成提前准备的好习惯

“虫虫，明天我们早上去上跆拳道课，记得把东西都准备好。”虫虫妈妈提醒道。

“好的，我知道了。”虫虫回答道。

其实虫虫只有四岁半，与同龄的孩子相比，他的自理能力非常强。不仅是上跆拳道课的准备工作，其他事情的准备工作做得也非常好。

每天晚上上床前，虫虫总是习惯将第二天上学需要穿的衣服和袜子准备好，放在床头，养成这个习惯已经有一年多的时间了。那时的虫虫刚满三岁，妈妈为虫虫准备了一个独立的柜子，里面有四个柜格。妈妈告诉虫虫：第一个格子放帽子；第二个格子放上衣；第三个格子放裤子；第四个格子放袜子和手套，就像是人一样，从头到脚的顺序排列。每天晚上，虫虫都会打开相应的柜格挑选自己喜欢的衣服，自行选择。自行搭配。久而久之，就形成了给自己提前准备衣服的好习惯。

除此之外，虫虫还会提前准备好妈妈要讲的故事。虫虫妈妈会不定时地给虫虫购买一些故事书，也专门放在一个蓝色的盒子里。虫虫每天上床前都会去盒子里挑选一本自己喜欢的书，放在枕头边上，等妈妈上床来给自己讲故事。

还有妈妈要是计划哪天带虫虫出去玩，都会提前和虫虫打招呼，以方便虫虫提前做好准备工作。例如，妈妈对虫虫说："虫虫，明天妈妈会带你去动物园，你准备一下吧。"

于是，虫虫就会准备好自己吃的小食品、水杯、玩具、太阳镜等等，放进妈妈给虫虫买的米老鼠宝宝里。所有的准备工作，妈妈已经根本不用再帮助虫虫做了。

帮助孩子养成提前准备的好习惯，不仅可以解放父母，更重要的是培养了孩子的自理能力。一旦孩子养成了这个习惯，做任何事情都不需要父母再帮忙，他更喜欢自己一个人独立完成。

事实上，孩子们也非常愿意尝试自己独立做事情。这一点相信很多家长都有体会，例如：父母给孩子购买了一个变形玩具。在父母操作示范完成后，孩子一定会迫不及待地想自己尝试，并且在这个过程中，不希望有父母的帮助。这就是孩子的独立意识，尤其是小男孩会表现得更加明显一些。

面对这样的孩子，父母要学会引导孩子，给孩子更多的空间，不要再继续帮助孩子做很多事情了，让他们自己做。这样，孩子觉得很有成就感，父母也给了孩子更多的锻炼机会。在帮助孩子养成这一习惯的过程中，父母一定要注意沟通的方式，通过恰当的语言，激发出孩子的兴趣。只要孩子感兴趣，那么锻炼、培养孩子自理能力的过程，将会是一个非常愉快的过程。

1．从现在开始，你就是自己的小主人了。

首先从日常生活的准备开始培养，就像事例中的虫虫妈妈一样，给孩子准备独立的柜子，将孩子的衣服叠成小四方块摆好，然后告诉孩子，每天穿什么衣服可以自己决定了。通常孩子们见到妈妈给准备好的新柜子和拥有可以自己挑选衣服的权力，会觉得非常高兴。于是，一个美好、愉快的开端到来了。之后，父母可以教孩子叠衣服的方法，待孩子学会之后，帮助孩子洗好衣服后，通知孩子多长时间后收衣服。接着你就会看到一个只有一米高左右的小家伙在洗衣间和卧室里一趟一趟地跑。

2. 出门的准备工作——吃、喝、用。

出门的准备工作非常简单，吃什么？喝什么？用些什么？告诉孩子们思考这三个问题，然后按照答案准备东西就可以了。如，出门去动物园，那么在这个过程中吃点什么呀？喝点什么？用到哪些？如果孩子想吃点零食、水果，再喝点牛奶、果汁，至于用的，因为阳光很刺眼，可能会用到太阳镜。于是，孩子们就会按照自己的答案准备好相关物品。

3. 上学的准备工作——书、本、文具、水杯。

对于已经上小学的孩子需要做的最多的准备工作就是上学的准备工作。这个时候的孩子已经很独立了，做好这个准备工作需要从四点着手：书、本、文具、水杯。基本上，这个时期的孩子完成这样的准备工作没有什么大问题。父母们需要做的事情就是“袖手旁观”，千万不要代办，一定要让孩子自己去做。

7. 引导孩子自己独立思考问题

“阳阳，告诉妈妈为什么不给老师画头发呢？你在老师的头上画一个四方块是什么意思呢？”阳阳妈妈指着孩子的画问道。

原来今天幼儿园的绘画课上，老师给每一位小朋友都发了一张光头老师的画。让孩子根据自己的想象给老师画上头发。有的小朋友给老师草草画上了几条黑线，看上去就像《三毛流浪记》里的三毛；有的小朋友给老师画上了密密实实的黑头发。而阳阳小朋友竟然在老师的头上画了一个四方块。老师拿着阳阳的画，看了半天也没有看懂。妈妈也是如此。“为什么老师的头发是一个四方块呢？”妈妈百思不得其解。

孩子低着头，忙着摆弄自己的玩具。在妈妈看来，孩子好像没有听到自己的问题，可是孩子却清晰地回答道：“因为，老师的光头会冷，我要给老师戴帽子。”

阳阳的话，让妈妈恍然大悟。四方块就是帽子。这就是孩子的想象力，这就是孩子的思维。如果家长不和孩子多沟通，相信很多孩子的想法，家长是根本理解不了的。因此，家长一定要放下架子和孩子多沟通，了解孩子的真实想法。因为家长们都是成年人，很多想法已经很成熟了，和孩子那天真、简单的思想还是有很大距离的。想要缩短这个距离，唯一的方法就是沟通。

阳阳的妈妈，听到孩子的回答觉得非常开心。虽然孩子的绘画技术很差，但是对于很多孩子都只想到给老师画头发，而只有阳阳想到了给老师画帽子，至少说明孩子有自己的想法，这一点非常重要。

妈妈敏锐地捕捉到了孩子的闪光点，于是，她立即表扬了孩子，肯定了孩子独立思考的能力，同时又引导孩子充分发挥想象力，如何把这顶帽子变得更加美丽……

阳阳妈妈的做法非常正确。作为一名母亲，在孩子忽发奇想的时候，及时发现了孩子的优势，同时第一时间肯定了孩子的行为，在无形中鼓励了孩子独立思考的做法。但是，孩子终究还小，思维不够完善，还有很大的上升空间。于是，妈妈趁机加以引导，让孩子继续发挥想象，把问题思考得更加具体化。

类似这样的情景在现实生活中经常会出现。我个人认为，孩子就像一个小怪物一样，经常动不动就带给家长很多出乎意料的惊喜。作为家长，我们要给孩子提供更大的成长空间，引导孩子独立思考，不要遏制孩子的想象力。

在引导孩子独立思考的过程中，家长们要以鼓励、协商的沟通方式为主，比如：

1. 父母遇到问题了，同样可以与孩子商量，向孩子征求意见。

“孩子，你说这件事应该怎么解决呀？”妈妈买菜回来后，发现少了一元钱，怀疑是刚刚买菜的时候，摊主找错了钱。

“要不然我们回去问一问吧。”孩子说道。

这位妈妈最后采纳了孩子的意见，她觉得孩子说得很对，虽然一元钱不多,但是事情还是要搞清楚的,回去问一下是搞清楚真相的最好方法。

从孩子的角度讲,父母让孩子参与解决问题的队伍中,有利于提高孩子的思考能力、解决问题的能力。站在父母的角度讲,不要轻视孩子,认为孩子那么小能有什么有用的想法呀,事实上,很多孩子作为父母商量的对象是完全合格的。

2. 父母作为参与者和孩子共同解决问题。

这一次,孩子是主角,最后一锤定音的人,而父母是参与者,仅有话语权。正如事例中的阳阳妈妈在后来与孩子一起商量怎么把老师的帽子变得更漂亮,这就是在引导思考。

第四章 “抗挫力”沟通

开启孩子成功的大门——亲子沟通的重要任务

孩子成长的过程中总会遇到一些挫折，承受一些压力。如今的孩子更是压力重重、困难重重：繁重的学业、激烈的竞争、错综复杂的人际关系……没有一定的抗压抗挫力，离开了父母的呵护，他们很容易被打垮。

1. 逆境中的自信更可贵

卡耐基在教授成人教育课程时，发现很多人都带着无限大的遗憾来接受成人教育，那就是没有把握住机会接受大学教育。在他们看来，没有接受大学教育是一件终身无法弥补的憾事。所以，卡耐基教授经常给他们举这样一个例子：

他小的时候家里非常贫穷。父亲去世后，家里竟然拿不出一分钱来安葬父亲。后来，还是父母的一位朋友出钱，才将父亲安葬。之后，为了维持生计，母亲必须去一家工厂里做工，每天的工作时间长达十个多小时。可就是这样拼命地工作，赚来的钱也只够维持一家人的生计，根本没有钱再供孩子们上学。

就是在这样的环境下，他依然坚持着学习。后来无论是公开演说还是做官，每一次都会让他感觉自己的能力不够，但是每一次他都会相信自己，只要肯学习，就能掌握一切所需的技能，因此。当他被选为纽约州议员时，由于对议员的责任没有太多的了解，知识缺乏，看不懂长长的法案，所以他非常痛苦。后来被选为森林委员会委员，他又因为不了解森林，而忧心忡忡。之后他又被选进银行委员会，可是他对金融知识一窍不通，甚至连一个银行账户都没有。

然而，面对这样一次次的逆境，他始终保持着自信，永不放弃，坚持学习。他相信凭借自己的努力，一定可以稳步通过逆境。最后，他成功了，被《纽约时报》尊称为“纽约市最受敬爱的市民”。他就是阿尔·史密斯，一位在逆境中也能保持自信的传奇人物。

孩子在追求理想的道理上，必然会遇到各种逆境，面对逆境孩子能不能抵御住，继续保持自信，这将决定着孩子们的人生高度。追求成功就如逆水行舟，不前进就会后退。如果孩子们只能在一帆风顺的情况下，才能表现出自信，不但体现不出成功者的风度，而且这样的成功也只是暂时的，不稳固。只有那些在逆境中仍然保持着自信心的孩子，才能凭借着坚持不懈的韧性获得成功。这样的成功才是恒久的。因此，父母们一定要明白：培养孩子在逆境中也能保持信心的品质是更加可贵的。

下面总结几点相关的沟通技巧：

1. 端正孩子对逆境的态度。

事实上，逆境才是成功的基石。然而处于逆境中的人根本看不到这一点，所以他们更容易丧失自信心，进而更容易被逆境打倒。所以，父母在与身处逆境的孩子进行沟通时，一定要沉着冷静，充分发挥自己的聪明才智，最终引导孩子端正态度，保持自信，最终找出走出困境的方法。

2. 鼓励孩子将逆境中的困难转化成前进的动力。

并不是每一位成功者在面对逆境时，都能有战胜困难的勇气和决心。他们也是经过反反复复的磨炼之后练就出来的信心。正是因为他们学会了如何面对逆境，从而将所有的磨难转化成为了前进的动力。因此，父母要鼓励孩子，及时总结经验和教训，从而将逆境中的磨难转化成前进的动力。

3. 鼓励孩子保持乐观的态度。

人生的路有很多条，当一条路走不通时，告诉孩子不要沮丧，继续尝试其他的道路。上帝总会在关上一扇门的同时，又会为孩子们打开一扇窗。只要孩子们能够保持乐观的心态，积极寻找解决困境的方法，一定会找到一扇属于自己的窗。

2. 教孩子学会合理减压

人生随时都有可能遇到逆境，或是学习上遇到瓶颈，升学无望，或是找不到工作，或是投资失败，或是情场失意……逆境就如雨后的彩虹，随时可能会出现。逆境对于人，是痛苦、是折磨，但更是动力。面对逆境，是否能够扭转命运的转盘，全靠个人的抗挫力。

刘霞是一个非常懂事的孩子。因为家境贫寒，父母的身体状况不是很好，所以她从小就懂得约束自己，不让父母操心。

初三的学习生活已经过去了一大半，到了最关键的时刻。偏巧这个时候，妈妈的旧疾复发，爸爸自己的身体也很不好，不能照顾好妈妈。没有办法，刘霞只能和老师请假，留在家里照顾父母。转眼间，父母的病一连养了两个多月才好转起来。而此时，刘霞回到学校里，发现第二轮复习已经结束了，自己落后了一大截儿。刘霞顿时觉得压力大增。

为了早日赶上老师的进度，刘霞经常学习到深夜。由于刘霞耽误的时间太长了，在学校组织的第一次模考时，她的成绩一落千丈。刘霞看着自己的成绩，难过得哭了好久。考虑到父母的身体原因，刘霞没有向父母透露一句。巨大的压力，惨不忍睹的成绩，无人倾诉的孤独，刘霞觉得自己仿佛是一个在风雨中迷路的孩子，看不清前进的方向。她一次又一次地徘徊在黄昏的小路上，一次又一次地质问夕阳，为什么要让她面对这样的逆境？

刘霞的母亲虽然一直缠绵在病榻上，可是看到女儿脸上若隐若现的愁云，她大致也明白了一些。这一天，她把女儿叫到床前说起了自己的经历。

原来在母亲刚刚生下刘霞不久，父亲就出了事故，被砸断了双腿。而她因为一时承受不住打击，情绪激动，竟导致产后大出血，虽然经医生抢救，保住了性命，却也从此落下了病根，常年服药。尽管现实很残忍，面对的压力很大，可是母亲依然觉得自己很幸福。原因是在逆境中，她学会了合理减压，不管日子多么难过，只要一家人在一起，开开心心的就够了。

刘霞明白妈妈的话是什么意思，希望自己可以学会合理减压。在妈妈的引导下，刘霞终于放下了沉重的心理包袱。她告诉自己，虽然耽误了足足两个月的时间，可是却换来了父母的健康，虽然自己可能与重点高中无缘了，但是能考上大学的也不全是重点高中的学生。这样一想，刘霞的压力小了很多，又像从前一样开心起来了。

面对逆境有压力是很正常的事情，但是要学会合理减压，否则，压力不断累积，超过孩子的承受极限，就会造成严重的后果。因此，父母在鼓励孩子自信、勇敢地面对逆境时，一定要教会孩子合理减压。

那么，怎样才能教会孩子合理减压呢？家长们不妨从以下两个方面切入沟通：

1．谋事在人，成事在天。

俗话说：“谋事在人，成事在天”，很多时候，一个人能不能取得最后的成功，除了自身的努力之外，还有很多不可控的因素在里面。因此，家长在与孩子进行相关的沟通时，一样要灌输给孩子“谋事在人，成事在天”的理念，让孩子对最终的结果保持一份平常心态。笑看输赢，重在过程，只要孩子们已经尽了力，能不能成功并不重要。有了这份平常心，孩子的压力会小很多，心情放松，状态可能会更佳，在应对逆境时，就会更从容、理智。

2．根据实际情况，合理降低目标。

实际情况与最初的预想出现差距时，最初树立的目标可能会过高。面对着无论怎么努力都无法实现的不切合实际的目标，家长要鼓励孩子勇于舍弃，树立一些切合实际的低目标，否则只会徒增压力，损害孩子的心灵。在这个环节中，父母要告诉孩子，积极寻找切合实际的目标，舍弃不切合实际的高目标的行为是明智之举，不是逃避也不是退缩，不要让孩子将二者混为一谈，背负着沉重的心理包袱上路。

3．不帮忙，适当“袖手旁观”

每一个孩子的成长道路都不是一帆风顺的，真正优秀的孩子，总是能够突破逆境，在寒微中崛起。在这个过程中，除了孩子自己的努力之外，更有父母的“付出”。这里的“付出”，并不是指父母伸手帮助孩子做一些事情，而是父母克制自己的情感，不帮助孩子，袖手旁观。

林肯很小的时候，母亲总会将他带到一处有十级台阶的建筑物处。然后看着小小的林肯挥舞着两只胖乎乎的小手，吃力地攀着台阶。对于一个身高只有两个台阶高的孩子而言，攀爬十级台阶，难度可想而知。没过多久，小林肯就满头大汗，小脸涨得通红通红的，可怜巴巴地向母亲投来求助的眼神。可是母亲只是笑笑，丝毫没有要帮助他的意思。小林肯见母亲不肯帮忙，只好回过头来，继续吃力地向上爬去。

很多年后，林肯依然能够清楚地记得那高高的台阶和母亲坚定的眼神，似乎告诉自己："慢慢爬吧，不管多久，母亲都会在这等你的，但是母亲绝对不会帮助你。"

现在，别说十级台阶，即便是一节台阶，孩子自己想要尝试着走上去，许多家长都会立即制止，然后高度紧张地抱起孩子走过去。殊不知，家长的这个细微的举动对孩子的伤害有多大。事实上，如果家长能够放开双手，鼓励孩子勇敢地走过台阶，对孩子今后的影响将是无限的。正如林肯的母亲，放手让孩子自己爬的举动，足足影响了林肯的一生，终于成就了一位英明的总统。

逆境是最严厉、最完美的老师，它会用最严格的方式培养出最优秀的孩子。对于孩子而言，想要获得深邃的思想，想要获得巨大的成功，只有经历过逆境的磨炼，才能脱胎换骨，获得一副钢筋铁甲的身躯。对于父母而言，想要让自己的孩子拥有如松柏一样傲对风霜的毅力，想要让自己的孩子拥有无怨无悔的人生，想要让自己的孩子从此获得幸福和满足，只有放开双手，让孩子独自在逆境中摸爬滚打。

事实证明，并不是所有的母亲都能拥有林肯母亲那样的智慧和坚强。生活中，有太多太多的父母见不得孩子的眼泪，他们希望自己可以做孩子头上的一把伞，为孩子遮风挡雨。然而，这只是他们的一厢情愿，他们永远也成不了孩子头上的那把伞。因此，父母们要学会"袖手旁观"，帮助孩子锻炼出不怕风雨的强筋壮骨。

在这个沟通环节中，父母要注意以下三点：

1. 父母要摆正心态，袖手旁观是为了更好地锻炼孩子。

想要成为成功者，就必须学习如何在逆境中前进。想要在逆境中前行，孩子必须具备三个要素：自信、不退缩、不抱怨。想要培养孩子这三个应对逆境的素质，父母必须给孩子一个独立面对逆境的机会，让孩子在实战中总结经验和教训，不断完善自己。因此，父母需要克制心中的不忍，时刻暗示自己：“袖手旁观”是为了让孩子得到更好的锻炼。

2. 明确告知孩子，能依靠的只有自己，父母是不会帮忙的。

正如事例中的小林肯向母亲求助时，母亲拒绝和鼓励的眼神儿是非常坚决的。小林肯看到母亲的眼神儿后，既明白母亲是不会给自己提供任何帮助的，同时也明白母亲是相信自己的，并且一直都在原地等自己。因此，小林肯有了继续向上爬的动力和决心。

生活中，父母们完全可以模仿林肯的母亲，带孩子去虚拟攀岩，通过攀岩这项活动，让孩子明白，父母会一直在原地等他们，但是不会为他们提供任何帮助，想要完成任务抵达封顶，只能靠他们自己。

3. 鼓励孩子：给孩子最好的帮助就是信任。

作为父母，面对处于逆境中的孩子，首先要做的就是信任孩子，发自内心地信任自己的孩子。父母的信任对孩子而言，是最好的鼓励，最坚实的厚度，也是最大的信心来源。尤其是当孩子对自己的信心动摇时，回头看看父母，此时父母眼神中的信任会带给他们最需要的力量。

4. 感恩逆境：逆境是通往成功的捷径

一天，公鸡的邻居山羊来到老虎面前，说道：“尊敬的森林之王啊，我非常感谢你为了维持森林秩序付出的努力，让所有动物都安居乐业地享受美好生活。”

老虎看了看山羊，说道：“看你欲言又止的样子，我想这不是你今天来找我的主要目的吧？”

山羊微微停顿了几秒钟，终于鼓足了勇气说道："大王呀，你能不能把我的邻居公鸡吃掉呀，它总是在天亮的时候打鸣，把我从睡梦中吵醒。"

老虎摇了摇，无奈地说道："我不能吃掉公鸡，因为它没有做错什么事情。但是你的问题有解决的方法，你可以去找一下大象。"

山羊听了老虎的话，立即来到大象家寻求解决之法。只见大象正在院子里气呼呼地跺脚、甩尾巴。

山羊问："大象，你这是怎么了？"

大象回答道："讨厌的蚊子，动不动就钻进我的耳朵里，痒死了，可是我一点办法都没有。"

看着大象难受的样子，山羊忽然明白了老虎的用意，"是呀，公鸡每天只打一次鸣，我就觉得难以忍受，可是大象时时刻刻都要经受着蚊子的骚扰。相比之下，我的烦恼简直不值一提。况且，公鸡的鸣叫也不是一点好处都没有，至少我每天都会被早早叫起，因而才可以吃上最新鲜的青草。看看我现在强壮的身体，不能说没有公鸡的功劳呀。"想到这里，山羊再也不讨厌公鸡了。

这时老虎赶了过来，对山羊说道："其实只要想通了，逆境就不再是逆境了，而是通往成功的捷径。"

生活中也是如此，一个逆境，就是一个新的条件，只要孩子们摆正心态，任何一个挫折都是一条通往成功的捷径。所以，父母要教导孩子们感恩逆境，遇到挫折和困难时，不要满腹抱怨，寄希望于他人赐予更多的力量。事实上，上天安排这些困难和挫折是有原因的，每一个挫折都有其存在的正面意义。只要正确对待它们，逆境未尝不是机遇。

关于与孩子进行的"感恩逆境"的沟通中，父母需要给孩子讲明两个道理：

1．学会利用逆境。

武术大师最得意的弟子在一次车祸中失去了左臂。身体上的残疾对这位弟子的打击很大，甚至怀疑自己没有了练习武术的能力。可是大师依然要求他报名参加武术比赛。经过了一番刻苦的训练后，在比赛的前夕，大师传授了弟子一个招式，并告诉他说：“学会这一招，你就可以获得冠军了。”

结果果然如大师所料，弟子真的获得了冠军。弟子跑到大师的面前，问道：“师傅，为什么我只用一招就成了冠军？”

大师答道：“因为这一招是最有效的一招，而破解这招的唯一的办法就是抓住你的左臂。”

这个故事告诉孩子们：世界上没有绝对的逆境和顺境，有的时候，最大的劣势其实也恰恰是最大的优势，只要方法正确，逆境何尝不是人们最大的顺境呢。

2. 绝处逢生。

小草生长在破瓦罐里，每次主人给它浇水时，水总会顺着瓦罐的裂缝流失掉。因此，小草总是在饥渴的状态下煎熬。这一年的夏天，雨水特别多，几乎是天天下雨。小草周围的小花们全都涝死了，只有小草越长越茂盛。原因就是那个破瓦罐，过多的雨水顺着瓦罐的裂缝流失掉。

这个故事告诉孩子们：世界上没有绝对的困境和顺境，只要懂得灵活运用，扬长避短，逆境何尝不是最大的出路呢。

5. 引导孩子自我激励，乐观面对挫折

学校组织了一场夏令营活动，主题是“让孩子体验逆境”。

夏令营的活动持续两周的时间，活动期间，校方为孩子准备好足够的米、水、用具。唯一的要求就是：生活中的一切都需要孩子自己想办法解决。活动刚开始，大部分孩子的状态都很不错，他们尝试着自己动手煮饭、亲自动手去菜园里摘菜、晚上独立入睡、脏衣服自己洗。然而，没过多长时间，有的孩子开始闹情绪了。

毛毛摘菜的时候把手划破了，看着手上渗出来的血迹，毛毛哭着吵

着非要找妈妈；丽丽觉得她们自己做的菜太难吃了，一口也吃不下去，把从家里带来的零食吃完后也吵着要回家；阳阳说晚上睡觉没有空调太热了，睡不着也不想坚持了……

孩子们想放弃的理由千奇百怪。最后，校方决定让每一个孩子都和自己的母亲通一次电话。电话中，父母要鼓励孩子，这是事先和父母们约定好的。

孩子们打完电话后，情绪平复很多，又有了坚持下去的决心。毛毛不吵着说手破了，丽丽也肯吃难吃的菜了，阳阳也不抱怨天气热了……一旁的父母看着孩子们的变化，不禁感叹鼓励对孩子的作用。这时，校方负责人王老师说道："对于孩子而言，这次的夏令营活动就是为了让他们体验逆境，并学会坚强。对于父母而言，我们主要是让你们看到鼓励对于处于逆境中的孩子的作用。因为父母的鼓励不能时时刻刻伴随着孩子，最好的方法就是让孩子学会自我激励，乐观面对挫折。"

生活中，不少孩子在挫折面前习惯了自我放弃，因为他们常常以一种消极的心态，低落的心情来面对挫折。要知道，一件事情能够成功，与人们自身的心态有着直接的关系。父母之所以愿意鼓励孩子，也是在调整孩子的心态。可是，父母的鼓励不能随时随地出现在孩子需要的时候，那么想要孩子维持良好的心态，方法只有一个——自我激励，保持乐观的心态。

一个能在无人安慰和帮助的挫折面前，仍然保持乐观的心态的孩子，是任何父母都希望塑造的模型。人生的路并不平坦，在这不平坦的路途中，父母的陪伴不可能是永远的。因此，引导孩子自我激励，乐观面对挫折则成了亲子沟通中的重要环节。在这个过程中，父母同样需要注意一些沟通技巧。

1. 被动式鼓励。

孩子从幼儿园放学回到家里说："今天老师让背诵古诗，其他同学都背了出来，我却没有背出来。"

家长一："那你以后一定要更加努力，我们相信你一定可以背下来的。”

家长二：“那你是怎么想的？”

“我告诉自己，这一次没有背下来没有关系，下一次我认真听老师讲，努力背就行了。”孩子说道。

面对这两个家长的鼓励方式，建议家长们选择家长二的鼓励方式，我们称之为“被动式鼓励方式”，也就是家长引导孩子自我激励，乐观面对挫折。

2. 不加油、不鼓励。

很多家长非常善于鼓励孩子，经常在孩子遇到挫折时，立即给孩子提供全方位的高质量的鼓励。久而久之，孩子对父母的鼓励形成了强烈的依赖，一旦遇到情况，而父母的鼓励有没有及时跟进，就会显得惊慌失措。面对这样的孩子，家长最好采取“不加油、不鼓励”的沟通方式，目的是培养孩子自我激励的内在体制。很多时候，家长不鼓励、不加油，孩子自己就会鼓励自己。因此，家长一定要给孩子构建自我激励体制的空间。

6. 鼓励孩子：失败了再重新来过

对于成长中的孩子而言，失败几次不是什么坏事情。父母要让孩子明白：失败了，你可能会失望，但是如果不肯重新来过，那么你注定要失败。所以，当孩子失败后想要放弃时，父母一定要给孩子一个坚定的鼓励，鼓励孩子重新来过，只有重新来过，孩子才有成功的可能。

王龙看着爸爸妈妈每天都骑车上班，非常羡慕，于是决定和爸爸学习骑自行车。

到了学习拐弯的时候，王龙的手却怎么也不听使唤了。第一次尝试着拐弯，王龙骑着自行车左扭右扭，最终还是摔倒了。

看着摔倒的王龙，爸爸笑了，“怎么样，有没有摔坏呀？”

“哼，一点都不好玩，这么难学，我不想学了。”王龙撅着嘴巴，闹起了情绪。

“不想学了呀，才摔一跤就不学了，那你以后只能看着我和妈妈骑自行车了，自己却骑不了。”爸爸一副无所谓的样子。

王龙坐在地上想了半天，最后还是觉得不想放弃。

爸爸对王龙说道：“拐弯的时候，手臂要放松，手要灵活，眼睛要注意观察四周，这需要很多次的练习才能把握住的技巧，你才练习一次，怎么可能不失败呢？失败了再重新来过，慢慢你就成功了。”

王龙听了爸爸的话，又练习了几次，虽然失败了很多次，摔倒了很多次，但的确越来越有感觉了。最后一次，王龙成功拐弯，虽然不是很熟练。王龙开心地说道：“爸爸，下周我们一家去郊外骑车。”

事情就是这样，在没有学会之前，无论多么简单的事情都会觉得很难，想象到的全是失败时的可怕情景。事例中的王龙爸爸做得非常好，在孩子失败时，既没有斥责孩子，也没有过分鼓励孩子，而是告诉孩子：如果就此作罢，那以后就真的失败了。

的确，任何成功都不是简单的事情。每一次成功的背后都是无数次的失败，正如俗语说的，“失败是成功之母”。面对失败的孩子，父母要让孩子明白，失败对于人的一生根本不算什么，没有必要伤心，只要重整旗鼓，重新来过就好。

1. 教会孩子要相信奇迹的发生。

莎士比亚曾经说过：“本来无望的事，大胆尝试之后，往往能成功。”父母在鼓励孩子：失败了在重新来过时，一定要教会孩子相信奇迹的发生。只有父母和孩子都相信有奇迹发生，孩子才有重新来过的勇气和信心。对于孩子的失败，父母千万不要冷嘲热讽，不要让孩子觉得失败一次就是永远的失败。要知道，父母的信心是孩子重新来过的最大动力。

2. 教会孩子正确看待失败。

失败是成功之母，这是对失败最准确的评价。父母要把这个观念灌输给孩子，让孩子在面对失败的时候，对重新来过充满希望和信心。为什么说失败是成功之母，是因为失败者可以从失败中总结经验和教训，从而为下一次的尝试积攒经验。因此，父母还要引导孩子在失败之后，不要沉浸在痛苦中，要抓紧时间总结经验和教训。

3. 支持孩子不放弃。

有的孩子失败后，想要再一次尝试。这时父母连忙阻止，原因是怕孩子受伤或是太危险之类的理由。由于孩子很小，缺乏判断力，因此听到父母这样说，一般都会选择放弃。

父母阻止孩子再次尝试的意愿是非常不负责任的表现。这会让孩子误认为可以随时选择放弃。所以，父母一定要对孩子再一次尝试表示支持，如果真的有危险，可以给孩子提供一些安全保障。

7. 承担后果，无怨亦无悔

在生活的路上，每一个人都有很多的失败和犯错的经历。它们就像是一条条河流，将失败和成功明显划分出来。在失败者看来，河水太深了，淌不过去了，他们在河边驻足良久，遥望了对岸的成功者，心中充满惆怅。但是成功者却信心满满，无所畏惧地跳下去，对于他们而言，再深的河水也淹没不了他们的决心。

其实，无论是失败还是成功，都要有承担后果的勇气，不能选择逃避。

新的学期开始了，科罗拉多大学法学院的院长做出了一个决定：开除希尔曼，原因是他的成绩太差了。希尔曼找到院长，希望院长重新考虑，让他回到学校上课。可是院长却说：“希尔曼是个好青年，但是你不适合做律师，建议你最好去从事别的工作。每周周末打工的食杂店非常适合他。”

希尔曼对此感到非常的苦恼，这是他人生遇到的最大的挫折。从上高中起，希尔曼的学习成绩一直很好，就连考入科罗拉多大学也没费太大的劲儿，而现在竟然是因为成绩不好被学校退学。希尔曼感觉无论如何也接受不了这样的后果。

希尔曼的父亲只有高中文化，但是他非常好学，尤其羡慕律师这个行业。希尔曼之所以选择攻读法学，与父亲的爱好有很大的关系。而他自己对法学并没有多少了解。

父亲建议希尔曼联系一下当地的普通大学威斯敏斯特学院。虽然威斯敏斯特学院比不了科罗拉多大学，但是希尔曼已经没有选择的余地了。于是，希尔曼联系了威斯敏斯特学院的院长。院长表示他可以来学校上学，但是必须从一年级开始读。就这样，希尔曼又有了一次上学的机会。

希尔曼接受了没有承担学生义务所造成的后果，从重点大学科罗拉多大学退学，转而来到威斯敏斯特学院学习。对此，他没有抱怨只是更加珍惜上帝给的第二次机会。这一次，他的学习成绩非常好，而且随着对法学知识的深入了解，希尔曼越来越喜欢这门科学。后来通过自己的努力，希尔曼成为美国联邦司法部地方法院的法官，被科罗拉多大学授予名誉法学博士。

面对暂时的失利，除了找出失利的原因，总结经验和教训之外，孩子们还需要做的事，就是承担后果。这个环节的沟通重点在于家长要教会孩子无怨无悔地承担后果。对于失败者而言，承担后果需要极大的勇气和决心。如果失败者对承担后果耿耿于怀，那么他将永远沉浸在不利的后果中，不能自拔。相反，如果失败者能够接受现实，努力付出，力求早日改变现状，那么不良的后果将不会纠缠他。

正如事例中的希尔曼，他无怨无悔地承担了没有承担学生义务所造成的后果，并且非常珍惜第二次机会，从而很快就摆脱了不良后果的纠缠——在入学后的第二年，希尔曼就成为威斯敏斯特学院代课教师。试想，如果希尔曼不能接受没有承担学生义务所造成的后果，那结局会怎样？也许希尔曼真的像院长建议的那样留在了周末打工的食杂店，或是和父亲一样成为一名普通工人，又或是终日无所事事，在街头和一些不良青年鬼混等等。无论是哪种结局，希尔曼始终没有摆脱被科罗拉多大学法学院开除的这一不良后果。

因此，父母一定要培养孩子无怨无悔地承担后果的胸襟。既然最初是自己错了，那么因此产生的后果就应该有气量承担起来。只有勇敢地承担起以前行为的后果，才有可能重新开始，给自己多一次人生机会。

中篇 掌握技巧

怎样沟通，

才能说到孩子心坎里

第五章　感性式沟通

和孩子的心灵对话——开启沟通之门的第一把钥匙

兵法有云："攻城为下，攻心为上"，沟通亦是如此。在亲子沟通中，最重要的是心与心之间的对话，只要充分利用攻心策略，才能把话说到孩子的心坎里，真正打动对方，实现高效沟通。

1. 聆听，叩开孩子的“心灵之门”

聆听是一门艺术，一门学问，只有专心倾听孩子讲话的父母才能真正走进孩子的世界，与孩子的心灵对话。

现实生活中，大部分的家长在孩子小的时候只顾着忙工作，没有留意到孩子的沟通需求。渐渐地，他们才发现，孩子们已经和自己无话可说了。当父母们意识到这个问题时，恐怕孩子的心早已关紧，再也敲不开了。

玲玲上大班了，每天上学、放学都是妈妈接送。可是妈妈最近好像特别忙，每天都早出晚归的，根本没有时间听玲玲说话，就连接送孩子上学放学的任务都交给了奶奶。

一天早上，玲玲刚刚睁开眼睛就看到妈妈收拾东西准备离开了。

“妈妈，你过来一下。”玲玲说道。

“妈妈赶时间，有什么事情你和奶奶说吧。”妈妈没有停下，继续收拾东西。

“不嘛，你过来一下。”玲玲撅着嘴巴，非常不满意妈妈的态度。

“好吧，什么事情？”妈妈终于走了过来。

“一会儿你能送我上学吗？”玲玲问道。

“不行，还是奶奶送你，妈妈有事情。”妈妈说道。

玲玲扑上去，亲了妈妈一下，然后用乞求的眼神看着妈妈，“那你去吧，但是晚上你要来接我吧。”

妈妈这才意识到已经好久没有和女儿好好聊聊天了。

生活中，父母可能没有留意到，自己的孩子也曾不止一次地像事例中的玲玲一样呼唤自己。那其实是孩子们发出的沟通信号。曾几何时，孩子们已经学会了注意观察父母是否在认真听自己说话。当他们发现父母并没有认真听他们说话，他们会提醒父母：“妈妈，听我说”、“妈妈，你先别说话，听我说”、“妈妈，你看着我”等等。这些提醒是孩子们无言的抗议，他们需要父母的倾听和关注。

1. 聆听孩子的委屈。

孩子受了委屈，希望向父母倾诉。这时父母一定要耐心倾听，不要打断孩子，要让孩子把委屈的情绪发泄出来。在孩子倾诉的过程中，他们也在思考、判断，时刻关注着父母。此外，孩子哭泣也是一种发泄委屈的方式。父母要允许孩子哭泣，不管是男孩还是女孩，切记斥责孩子道：“不许哭！”。否则孩子会封闭自己，不再向父母敞开心扉。

2. 当孩子闹情绪时，父母要保持沉默。

美国家庭教育专家帕蒂·惠芙乐认为，孩子的每一个“非正常”表现的背后都有一个正当的理由，他们是在发现精神或是身体上的创伤所引起的负面情绪。因此，在孩子发泄情绪时，父母不要打断孩子，保持沉默，静静倾听孩子的倾诉。因此，此时此刻孩子根本听不进去什么大道理。

3. 耐心听孩子讲话，不要打断孩子。

很多父母在聆听孩子讲话时，孩子还没有说完就迫不及待地打断孩子，说出自己的观点和看法。这是对孩子不尊重的表现，孩子想说的话没有说完，憋在心里会很不舒服的。渐渐地，父母总是打断孩子说话，孩子会丧失表达的积极性和信心。所以，在孩子讲话时，父母要克制住想插嘴的冲动，耐心听孩子讲完。

4. 主动聆听孩子说话。

聆听是父母给孩子最大的关注与尊重。因此，父母的态度应该是积极主动的，不是被迫的，也不能敷衍孩子。要知道，父母的身份不光是高高在上的长辈、老师，更是孩子心灵上的朋友。父母要经常蹲下身来，用心聆听孩子的心里话。

2. 陪伴，是最好的沟通

在亲子沟通中，没有比父母的陪伴再好的沟通了。对此，印度的国母甘地夫人曾经说过："当一个人只有很有限的时间供自己支配时，他自然会花在最需要的地方。不管我怎么忙、怎么累、怎么不舒服，我总要抽出一些时间和我的儿子一块玩，一块读书。"是的，这不仅是母亲的义务，也是孩子们应该享有的权益。

天色已经黑透了，父亲拖着疲惫的身子回到家里，原以为五岁的孩子已经睡着了，不想小家伙依然在等他。

听到爸爸开门的声音，阳阳立即从床上跳了起来，"爸爸、爸爸……"

看到儿子张着小手扑向自己，父亲高兴地抱起了孩子，在小脸上亲了一下。

"今天怎么回来这么晚呀？我等了你好久了。"儿子奶声奶气地问道。

"爸爸有事情，耽误了一会儿，你不睡觉等爸爸做什么？"父亲问道。

"爸爸，你忘记了吗？今天你要给我讲超人的故事。昨天你说你太累了，要今天才给我讲。"儿子说道。

"哎呀，这个呀，明天吧。爸爸今天比昨天还累。再说这么晚了，你必须要睡觉了。"爸爸无奈地说道。

"爸爸骗人，爸爸永远都没有时间陪我。"说完，孩子挣扎着从父亲身上下来。

跑到卧室门口，突然阳阳停了下来，问道："爸爸你每小时赚多少钱？"

儿子没头没脑地问题，问住了父亲，"啊，这个，大约三十元钱吧。"

孩子听完头也没回头就跑回了自己的房间。没过多久又跑了出来，手里捧着一大把硬币，说道："爸爸，这些都给你，明天你早回来一个小时，好吗？"

看着儿子手里的硬币，爸爸难过极了……

现在社会，竞争激烈，压力大，越来越多的父母，一头扎进职场里，忙着工作，忙着充电，忙着赚钱，忙着应酬，陪孩子的时间越来越少了。对此，父母们也是满腹委屈，"我们这么做也是为了孩子呀。只有有了钱，我们才能给孩子提供更好的生活呀。"然而，父母都忘记了，孩子们需要的不仅仅是富裕的物质生活，更需要精神层面的支撑。孩子们需要父母的陪伴。没有爱的家庭，即使再富有，孩子们也不会感到幸福。

1．最不能挤压的时间就是陪孩子的时间。

你可能在社会中身兼数职，但是面对孩子，你就是父母，无可替代的专职父母。不管工作多么重要，也没有自己的孩子重要。如果为了工作而错过了孩子的成长期，这个遗憾不仅仅是孩子的，更是父母终生无法弥补的。而且，父母长时间不陪孩子，孩子与父母之间渐行渐远，这种疏远的亲子关系是不可逆转的。也许到最后你会发现，自己奋斗了大半辈子，到头来竟是一场空。原因是孩子没有教育好，晚年的生活甚为不省心。

2．和孩子一起玩，平等的谈心。

李开复曾呼吁：“中国的家长，多陪陪孩子，无论多么忙，都要和孩子一起玩，平等的谈心。”在玩的过程中，亲子关系更加融洽起来，在谈心的过程中，父母与孩子之间更加了解。只有在这种温馨、融洽的家庭里长大的孩子，无论是情商、财商还是智商都发展良好。

3．尽量不与孩子长时间分开。

现在社会，大多数孩子自幼与父母分开，由老人代为抚养。这样做的弊端很多。首先是隔辈亲，老人带孩子更容易溺爱孩子，养成很多不良习惯。其次孩子与父母长时间分离，关系疏远，非常不利于孩子的成长和心理发展。这样的孩子从小缺乏父母的关爱，他们的性格更敏感，缺乏安全感，待人接物缺乏热情，不关心他人。

3．信任，拉近与孩子间的距离

父母在亲子沟通中要善于用感情牌打动孩子的心，重视与孩子心灵的沟通交流，让孩子信赖父母，亲近父母，从而建立起父母与孩子之间的信任。只有有了这种信任的感觉，孩子才更愿意向父母敞开心扉，说出心里的话。

珍珍在上小学一年级的时候与父母分房睡。之后好长一段时间，孩子适应得很好。可是半年后，珍珍忽然变得胆子小了，经常吵着要和父母一起睡，有时候半夜还会哭着跑到爸爸妈妈的卧室里。

“妈妈，我不要自己睡，我害怕，有鬼。”珍珍说道。

“胡说，世界上根本就没有鬼，珍珍已经是个大孩子了要勇敢，快回去睡觉吧。别胡闹了。”妈妈认为珍珍在胡闹。

可是，爸爸却把珍珍抱上床，“爸爸相信你说的话，今天你和爸爸一起睡，好不好？”

珍珍点了点头。于是，父女二人依偎在一起聊了很多关于“鬼”的话题。

“珍珍，你看到的鬼是什么样子的？”爸爸问道。

“黑黑的一团，每次我想好好看清楚时，就会消失。然后等我不去看它时，又能感觉到它就在那里。”珍珍说道。

爸爸听得有些疑惑，孩子说的这样清楚好像是在哪里见过一样。于是，珍珍爸爸谨慎了起来。“珍珍，你说的这个鬼是梦里的，还是你在哪里见过呀？”爸爸问道。

“我在放学的路上见到过。”珍珍说道。

爸爸一听，吓了一跳。妈妈也紧张地看着爸爸。珍珍所在的学校距离家里也就三百米的距离，虽然不远，但是却要穿过一条几乎没有住户的胡同，大约五十米。为了弄清楚，爸爸请了假，悄悄地在后面跟着珍珍上学放学。果然，爸爸发现一个遮头盖尾的男子竟然跟踪珍珍。爸爸连忙报了警。在警方的帮助下，这个男子被擒获，并招认想要拐骗珍珍，已经盯了好几天了。

通过这个故事，家长们一定要引以为戒，信任自己的孩子，不要因为孩子小，就忽略孩子，不信任孩子，很多家庭悲剧的上演根源就在于亲子间不够信任。

每一个孩子都希望得到父母的信任，信任是对孩子最好的鼓励和尊重，能最大限度地调动起孩子的积极性。当然，所有的父母也同样希望得到孩子的信任，而想要得到孩子的信任，父母必须首先付出信任，打动孩子的心灵。除此之外，信任还可以拉近父母与孩子之间的距离，让父母与孩子之间建立起心灵与心灵之间的对话。

1. 多说一些信任孩子的话。

父母在和孩子沟通的过程中，要多说一些信任孩子的话，如：“爸爸相信你可以的”、“妈妈知道你不是这样的孩子”、“妈妈相信你”、“做你想做的事情吧，相信你”、“你自己做决定就可以了”等等，这些话让孩子产生被父母信任的感觉，他们会非常愉快的，发自内心地感激父母，从而更愿意和父母多交流。

2. 信任必须发自内心。

作为父母，对孩子表示出自己的信任很重要。信任是一道阳光，从父母的心里射出，射入孩子的心中，照亮父母与孩子的心灵。但是这种信任必须是发自内心的，这样孩子才能感觉到。如果父母嘴上说信任孩子，心里却不这么想，做出的很多举动都会让孩子感觉到父母很虚伪，如此一来，不仅不能拉近与孩子之间的距离，还能让孩子对父母的人品表示怀疑。

3. 信任孩子，就要给孩子空间

既然相信孩子，就要放手给孩子一定的空间，如：孩子准备做一件事情，父母表示了信任，就要懂得适时放手，在一旁耐心等待即可，不要处处干涉孩子的决定和思想。父母的这种信任，会很快传递到孩子的心里。

4. 理解，化解亲子间的代沟

所谓代沟，指的是两代人在思想方法和心理品质上的不同。美国著名的未来教育学家丹尼尔·贝尔说过：“一代人为之艰苦奋斗的事情在另一代人往往看得平淡无奇。”的确如此，由于时代背景、教育、生活环境、经历等的不同，两代人很容易发生心理和思想上的差异。所以如何正确面对亲子间的代沟，就成了亲子沟通中需要认真解决的问题。

涛涛读小学六年级了。十三四岁的孩子正是想法多的时候，教育起来困难重重呀。这不，涛涛想在家里办一个派对，要请几个关系好的同学聚在一起吃吃饭、聊聊天。于是，他将自己的想法告诉了父母。没成想还没把话说完，就遭到了父母的齐声反对。

“什么，请客吃饭？你搞什么，你现在是学生，主要任务是学习，社会上吃吃喝喝的那一套跟谁学的，好的不学，歪门邪道你倒是学得挺快。”爸爸说道。

“什么叫歪门邪道呀，这叫必要的人际交流。无论是朋友之间，还是亲人之间，所有的人都需要经常交流，只有交流了别人才知道你想什么呀，你才能从别人的话里获取更多的信息呀。难道都和你一样只知道低头苦干，和谁都不多说一句话，好呀？”涛涛不服气地问道。

“爸爸怎么了，低头苦干才是真理，这叫脚踏实地。”妈妈说道。

“妈妈，我没有否认爸爸，爸爸的确脚踏实地，而且做人也必须这样。可是，做人还需要交流呀。这一点我觉得爸爸做得不好。”涛涛说道。

爸爸终于忍耐不住了，“太没有礼貌了，最基本的孝道都没有了，你知道自己在干什么？你在指责你父母的不是，这是做儿子应该做的事情吗？再说了，要那么多人际关系干什么？只要你是好的，领导和同事们自然知道，人人心里有杆秤，多说无益。”

涛涛看着父亲生气的样子，无奈地摇了摇头，“好，我们之间沟通不明白，你说的都对，我说的都错。人人心里有杆秤，爸爸你知道现在的生活节奏多快了吗？谁有时间去称量别人呀，都再忙着自己的事情。如果你不去交流，别人怎么了解你呀？你又怎么去了解外面的世界呀？还有我觉得领导更忙，因此多和领导沟通也不是一件坏事情，让领导了解你，从而更好地利用你的才华，你这也是在为别人提供方便呀。”

“什么？你竟然还学会了溜须拍马，你简直想气死我……

正如事例中的情景一样，生活中有太多的父母和孩子无法达成思想和观念上的一致。他们之间产生了很深的代沟。代沟成了父母与孩子之间最大的沟通障碍。但是，代沟不是不能化解。只要父母和孩子之间相互理解，多站在对方的角度思考，相互尊重，多看到对方身上的优点，相互学习，根本就没有所谓的“代沟”。

1. 正确看待代沟。

代沟只是父母与孩子思想方法和心理品质上出现了差距。因为父母和孩子生活的时代不同，成长和奋斗的背景不同，经历不同等等，导致了在思想上存在着很大的差距，这是很正常的现象。不光是父母与孩子，即使是同龄人之间，也不可能做到思想和心理上完全一致。是人就会有思想，就会与他人的想法有所出入。因此，父母与孩子在思想方法和心理品质上存在差异也是很正常的事情。父母和孩子要正确认识这一点，不要将“代沟”强化。

2. 理解是化解“代沟”的最好方法。

人与人之间如果都能多一份“理解”，很多误会和代沟都会烟消云散。父母要包容孩子在成长过程中的稚嫩行为与想法，宽容地对待孩子的错误。那么，孩子也更愿意和父母沟通，聆听父母的教诲。终究在孩子成长的过程中，父母是最大的责任人，理解孩子是必须做的事情。

3. 站在孩子的角度看世界。

为了消除代沟，与孩子更好地沟通，父母需要站在孩子的角度思考问题，不要主观地按照自己的思维模式思考。站在父母的角度和成人的角度上，孩子的很多想法和行为都是行不通的。但是站在孩子的角度上，你会发现孩子的真正用心，从而真正理解孩子的行为。

5. 最贴心的沟通方法：写信

写信的方式完全可以作为父母与孩子情感的寄托。写信是一个过程，自己与自己说话的过程，在这个过程中，不良的情绪被过滤，理智渐渐恢复，一些犀利的语言被删掉，父母对孩子的情感跃然纸上。可以说写信是亲子间最贴心的沟通方式。

文文上小学后，爸爸经常会出差，通常两三个月都见不到孩子。为了和孩子及时进行交流，父母想到了一个办法——写信。

在今天这个电子信息的时代，虽然微信、邮件更便利一些，但是文文和爸爸都认为写信更贴心。

一次，文文班里新转来一名女生，竟然是文文象棋辅导班的一个师妹。文文便写信告诉爸爸，并且说明自己非常喜欢和这个小师妹接触，他很疑惑，不知道自己是不是已经恋爱了。

爸爸接到文文的信后，反复阅读后，才给文文写了回信。信中，文文爸爸没有批评文文，而是告诉文文他对小师妹的喜爱不是恋爱，那只是青春期的冲动。父亲建议文文合理把握分寸，把对小师妹的喜爱之情转化成友谊，共同进步。爸爸还举了自己像文文这么大时也曾经喜欢一个女同学，那时候也以为这就是爱情。很多年之后，在回头想想，才明白那根本算不上爱情。

类似这样的事情还有很多，父子二人通过写信的方式，向对方敞开心扉，沟通了很多极其隐私的问题。父亲通过这种方式加深了对孩子的了解，而文文也因此获得了一位重要的“知心姐姐”。

很多时候，那些不便用口头表露的情感，只有通过信件的形式才能说清楚。写信不仅是信息传递的方式，也是一种情感交流的工具。“知心姐姐”卢勤曾经说过：“给孩子写信，通过文字来表达自己的心情，不失为一种与孩子沟通交流的好方法。”也就是说，信件的交流，寄托着父母与孩子之间的情感。由此可见，父母与孩子之间的沟通不一定非要面对面，写信也能拉近亲子间的距离，做到零距离交流。

1. 写信沟通是一种富有理智、情感的沟通方式。

写信沟通，父母和孩子在用词上都会仔细斟酌，不会出现“脱口而出”的现象，更不会出现父母与孩子一言不合争吵起来的局面。无论情况多么特殊，父母和孩子的心情多么糟糕，在坐下来写信的过程中，情绪都会得到平复，恢复正常的理智。事实上，写信就是一个思考的过程。在这个过程中，父母和孩子都有机会反省自己，选择最好的表达方式和解决的方法。因此，写信沟通是一种富有理智、情感的沟通方式。

2. 写信沟通有助于孩子向父母敞开心扉。

人在写信的时候，总会情不自禁地说一些真正的心里话。孩子在给父母写信时也是如此，孩子会把一些平时说不出口的心里话和内心的感觉告诉父母，以便父母更加了解孩子的心理世界。事实上，孩子们在写信的时候，其实是在自己对自己说话的过程，这要比面对着父母更容易说出口。

3．不要长篇大论，内容要充实。

对于孩子来说，太长的信件是看不明白的。即使孩子能够看得明白，父母一下子说太多的话，也会让孩子读了后面就忘了前面的。因此，父母给孩子的信一定要简短明了。同时用词要风趣，内容要充实一些，尽可能地列举一些例子。不要全篇都在讲道理，否则孩子看信就好像看一本教科书，渐渐地就会失去给父母写信的兴趣。

6．了解孩子的心理需求

每个人都有想向别人证明自己能力的渴望，而在孩子身上，这种渴望更加强烈。通常情况下，孩子们需要父母对他们的行为、思想表示出认可和赞许。当这种心理需求得不到满足时，孩子就会产生挫败感。这种挫败感会影响亲子关系，大大阻碍亲子沟通。因此，父母要了解孩子的心理需求。

阳阳今年六岁了，是个十分聪明的孩子。从四岁起爷爷就开始教孩子识字，到了六岁时，阳阳已经认了六百多个字，可以独立阅读一些简单的书籍了。

不知从何时起，阳阳喜欢每天晚上临睡觉前看一会儿书。但是妈妈经常阻止他，因为她认为躺着看书会伤害孩子的眼睛，也会影响孩子的休息。一天，阳阳正在兴致勃勃地阅读《安徒生童话》，妈妈推开门走了进来，说道：“阳阳，别再看了，已经很晚了，赶快睡觉。”说着，妈妈就要动手去关掉台灯。

“等一下，妈妈，我再看十分钟。”阳阳连忙阻止妈妈。

妈妈根本没有理睬阳阳的要求，依然关掉了台灯。结果阳阳因为看不成书，郁闷了好长时间，一直到深夜还再翻来覆去。

第二天，看到阳阳因为没有睡好而肿起来的眼睛，妈妈问道：“昨天不是早就让你睡觉了吗，今天怎么还一副没有休息好的样子呀？”

“没有，我一直到深夜还没有睡着。”阳阳无精打采地回答道。

后来，妈妈经过了仔细的了解发现，孩子是真的喜欢阅读。于是，妈妈选择尊重孩子的喜好，支持孩子读书。但是妈妈提出了一个要求，每天晚上只能看二十分钟的书，并且要坐着看，不能躺着看。阳阳答应了妈妈。令妈妈欣慰的是，孩子非常有信用，说到做到，每天只读二十分钟的书，到点就主动上床休息。

事实上，孩子的心理非常简单，他们希望得到父母的尊重和认可。只要满足孩子这两点心理需求，孩子们会表现得非常好。正如事例中的阳阳，对于母亲不尊重自己的行为非常难过，以至于直到深夜都没有睡着。而当母亲对自己的兴趣表示支持时，他同样也遵守了自己的承诺。

生活中，还有很多的父母不了解孩子的心理需求，单纯地从自认为对孩子好的角度出发，忽略孩子的心理感受，导致好心办坏事，弄得亲子关系紧张、疏远，亲子沟通举步维艰。其实，只要父母能够了解孩子的心理需求，用恰当的方式满足孩子，孩子们还是非常愿意与父母交心的。

1. 了解孩子的心理需求，才能走进孩子的心里。

孩子的世界是纯粹的，他们所有的行为无非是想要父母满足自己的某种心理需求。如果父母对孩子缺乏关心与爱护，忽视孩子的心理需求，那么孩子会因为某种心理需求得不到满足而冷淡、疏远自己的父母，甚至还会产生叛逆心理和父母对着干。因此，父母只有了解孩子的心理需求，才能拉近与孩子的距离，走进孩子的心里。

2. 让孩子感受到父母的关爱。

孩子在成长阶段需要父母的关爱。只有沐浴在父母的爱中，孩子才愿意向父母敞开心扉，吐露心声。父母才能因此更加了解孩子的心理需求，从而理智应对，及时调整自己的沟通方式。

3. 给孩子足够的认可与赞许。

事实上，不同时期的孩子会产生不同的心理需求，如：幼儿时期孩子需要父母的爱；年长一些后，孩子开始需要父母的认可；等到再成熟一些，孩子更需要父母的尊重等等。但是不管什么时间段，孩子都有得到父母的认可和赞许的心理需求。因此，父母要在给予孩子足够的认可和赞许的前提下，根据具体的情况及时调节沟通方式。

7. 认真对待孩子提出的问题

孩子的成长离不开思考，而提出问题就是孩子思考的外在表现。孩子提问说明孩子有求知欲，这是好事情。父母应该给予孩子支持和鼓励。可是现实生活，很多父母面对孩子提出的问题，态度冷漠、不予重视、能过且过，甚至还会斥责孩子嫌孩子烦。父母的这些无心的举动会深深地伤害孩子的心灵，让孩子闭上嘴巴，关闭对父母敞开的心扉。

月月今年五岁了，妈妈第一次带她去电影院看电影。他们选择一个充满正能量的动画片《功夫熊猫》。月月很兴奋，坐在座位上左看右看，一会儿问妈妈这个问题，一会儿又问妈妈那个问题。面对孩子一连串的问题，妈妈刚开始还能耐心的回答。可是后来随着孩子天真的刨根问底，妈妈显得有些不耐烦了。

终于电影开演了，精彩的画面，更让月月产生了更多的问题。她拉着妈妈不停地提问，“妈妈，为什么这只熊猫会飞呀？”“妈妈他们为什么打架呀？”“妈妈他们要去哪里呀？”“妈妈他们为什么哭呀？”等等,电影还没有开始多长时间,可是妈妈就已经被月月问得精疲力竭了。到最后，妈妈面对月月提出的问题，只是一味地敷衍，“是的”、“对”、“嗯……嗯……”甚至后来面对她提出的一些问题，妈妈会急躁地冲月月吼叫。

一开始，母女二人你来我往有说有笑的。渐渐地，月月感觉到了母亲的不耐烦，她提出的问题越来越少，以至于到最后她不再向母亲提问了。

电影结束后，妈妈对月月说道："月月，你还是太小了，这个电影不适合你，你都没有看懂。"

月月低着头，小声地说道："看不懂我也喜欢看。"

听到孩子的回答，母亲意识到自己的行为可能会伤害到孩子。孩子只是因为没有看懂，不明白，向自己提了几个问题而已，自己就不耐烦地冲孩子吼叫。想到这，母亲有些后悔，虽然她主动向月月道歉了。但是母亲的行为终究还是伤害到月月的心灵了，从此以后，再遇到不明白的问题，月月也不敢随便向母亲提问，担心自己的问题又会惹来母亲的训斥。

事实上，孩子提出问题是一件好事情，说明孩子在主动发出沟通的信号，而且内容非常有针对性。面对着孩子指定的话题，展开亲子沟通，这对父母而言难度大大减低。要知道，很多父母费了半天的心思，想要与孩子找到共同的话题都未能如愿。因此，父母一定要认真对待孩子提出的问题，把握住与孩子高效沟通的绝佳机会。

1. 孩子反复问，是孩子表达不满的一种方式。

"今天必须去上幼儿园。"面对着孩子的哀求，妈妈坚定地说道。

"为什么？"孩子问道。

妈妈阴着脸，没有回答。

"为什么？为什么……"孩子反复问道。

"你烦不烦，你说为什么，别人都上学，你为什么不上学？"妈妈冲孩子吼道。

妈妈的吼叫很快见到了效果，孩子果然不再反复问"为什么了？"

孩子不问了，是孩子明白了么？

其实，这个时候孩子的妈妈根本不用去回答孩子的问题，因为他们不是在问问题，而是在发泄心中的不满。所以，当家长面对这种情况时，沟通的切入点应该是排解孩子心中的不满。

2. 孩子发问，为了引起家长的关注。

"妈妈，你喜欢我吗？"孩子问道。

“当然喜欢了。”妈妈答道。

“那如果我犯错误了呢？”孩子问道。

“同样喜欢，妈妈永远都喜欢你，你是妈妈的孩子。”妈妈答道。

类似这样的问题，说明家长对孩子的关心爱护不够，孩子缺乏安全感，需要通过这些问题来确定一下父母是不是喜欢自己。因此，家长面对类似这样的问题，一定要认真对待，充分反思自己，是不是太忽略孩子了。

3. 孩子发问，因为好奇。

孩子的好奇心非常重。孩子向父母提出问题，说明孩子不满足现有的信息，希望得到更多的信息。此时，父母一定要认真的对待，将自己知道的如实告知孩子，不要敷衍孩子，更不要因为不耐烦而训斥孩子，否则会打击孩子的求知欲。

第六章　尊重的力量

平等尊重，呵护孩子的自尊心 ——高效沟通的必备前提

孩子是一个独立的个体，有自己的思想和表达思想的权力。作为父母，我们要站在与孩子平等的位置上，放低姿态，以平等的心，在互相尊重的前提下，与孩子平等对话。

1. 用“商量”而不下“命令”

大部分的父母在解决问题的过程中，不会和孩子商量。毕竟孩子还小，能有什么有价值的想法和意见呢？只不过，习惯和孩子商量的父母更能得到孩子的信任，更容易走进孩子的世界。

在孩子的眼中，父母是自己的保护伞、港湾。他们不仅能将自己高高抱起，还拥有着至高无上的权力——对自己发话施令。有些“权力的拥有者”，在教育孩子的过程中，一味采用责备、呵斥、说教的方式。不管事情是否关乎孩子的一生，都习惯性的不同孩子商量，而是在做出决定之后，对孩子下达执行的命令。这样的沟通方式，导致的最终结果就是亲子之间越来越疏远，沟通越来越不顺畅。

琪琪的妈妈是一家大企业的主管领导，手下管理着800多名员工，做起事来雷厉风行，容不得半点拖延，是典型的事业型女强人，在同行业中非常有威信。

琪琪今年10岁了，非常聪明伶俐，学习成绩优良，是爸爸妈妈心中的乖宝宝。不幸的是，最近琪琪迷上了上网，开始有些不专心学习了。妈妈发现端倪之后，立即采取了应对行动。她强行没收琪琪的手机，将家里的电脑设置了开机密码。没有了手机，不知道电脑的开机密码，琪琪就不能上网、玩游戏。对此，琪琪很着急，就像热锅上的蚂蚁，四处奔走想办法。终于，琪琪找到了解决的方法——去网吧。就这样，琪琪一有机会就溜进网吧，终日沉浸在网络游戏中，乐不思蜀。殊不知，她的行为已经触碰到了母亲的底线。

这一天，琪琪妈妈找遍了所有她可能去的地方依然没有找到。看着其他小朋友都按时回到家里，琪琪妈妈忍不住地开始胡思乱想。她呼叫了所有的亲朋好友，全面搜索琪琪的踪迹。终于，经过大家的共同努力，琪琪被找到了。看着女儿如此沉迷网络，琪琪妈妈彻底失控了。她不仅强行拉琪琪离开，在琪琪回到家里之后还严令她面壁思过。之后的很长一段时间，琪琪妈妈俨然成了一位发号施令的权力拥有者，命令琪琪在放学后的半个小时内回到家中，1个小时之后写完作业，每次外出都必须请示，经她同意后方可出门……

别说，在琪琪妈妈的权威管理下，琪琪的确远离了网络。只不过与此同时，琪琪也远离了妈妈，看见妈妈就像老鼠见了猫，哧溜一下，就钻进了自己的房间，和妈妈没有任何多余的交流。

生活中，类似琪琪妈妈这样的家长数不胜数。他们也很爱自己的孩子，也希望孩子能开心地度过每一天，但是总是习惯对孩子发号施令。最终，致使孩子可能会暂时地屈服于他们的权威之下，却成功远离了孩子的世界，甚至激起孩子的逆反心理，彻底关闭了亲子之间沟通的大门。这样的结局无疑是个悲剧，不被任何父母所希望。

那么，在亲子沟通中，父母应该怎样避免上述“悲剧”的发生呢?

1. 请不要采取强硬手段。

孩子虽然小，但是也有自己的思想和意识。父母应该充分了解其真实想法，再对症下药，切不可强行支配孩子的行为。事实上，孩子不听父母的话，说明他没有与父母达成统一，还需要做进一步的沟通，最终达成共识，而不是用强硬手段逼迫孩子听从自己的安排。如此一来，孩子与父母之间只会越来越疏远。

2. 凡事多与孩子商量，少命令孩子。

事实上，父母不管要求孩子做什么事情，都应该采用商量的方式，而不是命令孩子。多采用商量的方式，家庭的气氛会非常和谐。父母和孩子之间会很和睦，甚至会无话不谈。亲子关系亲密融洽，意味着父母距离孩子的世界不再遥远了，沟通不再是问题。

3. 多听孩子的意见，站在孩子的角度想一想，也许孩子是对的。

很多家长认为，孩子年纪小，不懂事，于是便代孩子做出了很多决定。事实上，孩子有自己的思想。站在孩子的角度想一想，也许孩子们的想法才是最适合他们的。

2. 尊重孩子的天性，不做“专制型”父母

“专制型”的父母，习惯把自己的主观思想强加到孩子的身上，认为这是对孩子未来负责任的表现，爱孩子的表现。但是，孩子是一个独立的个体，有自己的天赋，也有自己的判断和想法。作为父母，我们要尊重孩子的天性，一改严厉的说话语气。这样才能更好地与孩子进行沟通，引导孩子健康成长。

8岁的童童非常擅长踢足球。学校组织少年足球队时，童童迫不及待地报名参加了。尽管足球队的练习并没有占用孩子们太多的学习时间，可是童童的爸爸依然认为踢足球会影响孩子的学习，于是，毅然决然地要求孩子退出足球队。

童童很不乐意，但是又不敢反抗，只得乖乖地按照父母的指令去做。每天看到队友们在操场上飞奔，他非常痛苦，即使坐在了教室里，也根本学不进去。

这只是其中的一件事情。事实上，童童的父母非常专制。他们认为孩子就是孩子，想法太简单，必须由父母严格管控，才能让孩子少走弯路。所以，在很多事情上，童童只能无条件地按照父母的意愿行事，稍有出入，就会遭受父母毫不留情的批评甚至打骂。

果然，父母的严教有了效果，童童成了父母眼中的“好孩子”。但与此同时，童童的父母也发现，孩子好像有些自卑、怯懦，总是郁郁寡欢的，不像其他孩子那样开朗。他们有些不解，孩子怎么会变成这样?

童童的父母十分专制，正是因为这样才让孩子表面看起来很听话，内心却很挣扎。时间久了，孩子的心理会出现问题。因此，父母们在与孩子进行沟通的过程中，一定要引以为戒，不要做“专制型”父母。

鲁迅先生曾说过：“听话，自以为是教育的成功，等到放到外面来，则如暂出樊笼的小禽，它不会飞鸣，也不会跳跃。”相信所有的父母都不希望自己的孩子成为笼子的小禽。所以，请抛弃专制型的教育，尊重

孩子的天赋，给孩子一个自由成长的空间。

1．不要事事替孩子做决定。

父母们在替孩子做决定的时候，仔细想一想，你的决定是孩子真正想要的吗？如果不是，为什么一定要孩子听从你们的意愿呢？这样做是否真的对孩子的成长有好处呢？

每个孩子都是天才，有擅长的方面，当然也有不擅长的方面。所以，父母们一定要尊重孩子的天性，让孩子自己做决定，不要强制孩子接受自己的安排。毕竟适合孩子的才是最好的。

2．放宽对孩子的控制。

“专制型”的父母，往往对孩子有很多管控。比如，孩子要乖乖听话，不能违背父母。父母们按照自己的经验对孩子实施严格的管束，这些管束是否真的有利于孩子的成长呢？一系列的命令，违背了孩子的天性成长，孩子们感受不到任何的快乐和自由。所以，父母们要放宽对孩子的管束，终究孩子快乐、健康地成长才是父母们最想要的结果。

3．让孩子感受到自由和温暖。

“专制型”的父母，经常会一脸严肃，呵斥孩子，甚至会动手打孩子。在这种震慑力下，孩子变得唯唯诺诺、对父母惟命是从。他们不是真的乖乖听话，而是因为害怕被迫听话。时间久了，孩子的性格会出现问题，亲子沟通也会出现问题，甚至会导致亲子关系的破裂，导致孩子的叛逆情绪。因此，父母要改变和孩子说话的语气和态度，要让孩子感受到父母的温柔，为孩子营造一个轻松、自在的成长环境。

3．平等，体现在生活细节上

现实生活中，父母总是高高在上，一副“我是家长，你必须听我”的样子。在这种不平等的状态下，孩子不知道父母对自己的要求，父母不知道孩子的真实想法。久而久之，亲子间缺乏必要的理解和沟通，从而造成了很多不必要的误会。

亲子间的交流沟通讲究平等。所谓的“平等”，是指既不过分放纵孩子，又不过于严苛对待孩子，而是与孩子保持平等的位置。这种平等，体现在生活的种种细节上。

亮亮和其他小朋友不一样，他从来不吃独食，有什么好东西都会与他人分享。对此，隔壁李阿姨家甚至羡慕，“你可真有福气呀，孩子太听话了，真孝顺。我家洋洋不行，他爱吃的东西一点也不让别人动。”李阿姨对亮亮妈说道。

亮亮妈妈和李阿姨家的女儿是好朋友。因此，两家人经常在一起吃饭。李阿姨说的这种情况，亮亮妈妈很快也发现了。

一次，两家人在一起吃饭。李阿姨家的洋洋爱吃餐桌上的馅饼，一连吃了两个，第三个怎么也吃不完了。大家担心小孩子吃多了，于是都劝他不要吃了。就这样，洋洋的饭碗里剩下了多半个馅饼。

为了不浪费粮食，李阿姨拿起洋洋吃剩下的馅饼吃了起来。洋洋和亮亮在一边玩耍。没过多久，洋洋看到了李阿姨在吃他剩下的馅饼，“哇”的一声哭了起来。大家不知道怎么回事，还以为孩子磕到哪了。还是李阿姨了解自己家的孩子，连忙说道:“洋洋不哭，奶奶不吃了，给你留着。”李阿姨的话音刚落，洋洋停止了哭声，委屈地说道:“不要再吃我的馅饼了，放到冰箱里，留着我晚上吃。”

听着孩子的话，亮亮妈妈惊讶极了，“李阿姨，洋洋平时吃东西也不和你们分享吗？”李阿姨点了点头，“小的时候孩子也会拿着食物给我们吃，但是我们都舍不得吃，每一次都拒绝了。现在大了干脆不让我们吃了。”

亮亮妈妈听完，知道了问题的根源，说道：“我家亮亮每次给我们分享东西吃时，我们都会吃的。如果孩子给你东西吃，你总是拒绝孩子，时间久了，孩子就会以为你不想让他分享东西，最后就养成了孩子吃独食的习惯。”李阿姨听完，点了点头。

正如亮亮妈妈所言，孩子的思维很简单，家长说什么，孩子就会信什么。所以，作为父母，我们一定要调整自己的心态，与孩子保持平等地位，把孩子当成一个与自己一样的成年人来看，在生活的细节上平等地对待孩子。

1．孩子有发言的权利。

很多家长在孩子发言的时候，经常粗鲁地打断，如："小孩子家家，懂什么"、"闭嘴，大人说话，小孩别插嘴"等等。试想，如果父母把孩子当成一个独立的个体，还会这样说吗？当然不会，很少有人这样打断成年人说话。只是因为父母们把孩子当成是自己的私有，才会这样打断孩子，这是对孩子的不尊重，不公平。孩子虽然小，但也有发言的权力。父母不应该剥夺孩子发言的权利。只有这样，孩子才愿意和父母沟通。

2．遇事多和孩子商量。

很多家长总是命令孩子，从不和孩子商量。就像是封建时代里的强权家长，甚至连子女的婚姻都不和孩子商量。这样做的后果是，父母代替孩子做一切决定，根本不用和孩子商量，那么还谈什么沟通呀，根本不用沟通了。

建议父母遇事多和孩子商量。事实上，商量的过程不就是在沟通嘛，亲子双方平等地沟通，各自发表自己的意见。渐渐地，孩子也会产生责任感，懂得为父母分担，出谋划策。

4．家长也要向孩子敞开心扉

斯宾塞曾说："家长一般很少向孩子透露自己的内心世界，只习惯做道貌岸然的训导者，但反过来却要求孩子向自己坦露一切，这种不平等的要求，当然不可能取得好的教育效果。"的确如此，如果父母只单方面要求孩子向自己敞开心扉，而自己却不向孩子敞开心扉，这种不平等的要求，会成为亲子沟通中的重要障碍。父母只有向孩子敞开心扉，孩子才更愿意向父母敞开心扉，亲子间的沟通才能更高效。

一位妈妈非常重视与儿子间的沟通，反复做孩子的工作，要求孩子向自己敞开心扉。于是，儿子和妈妈分享了很多小秘密。可是，这位妈妈因为要维护自己在孩子心目中的形象，隐藏了自己已经失业的事情。为了瞒过孩子，这位妈妈每天按时出门，晚上按时回家。只不过她没有去上班而是去附近的公园溜达。

儿子忽然问这位妈妈："妈妈，你是不是失业了？"

妈妈感到非常惊讶，连忙摇头否认，"没有呀，妈妈不是每天都出门上班嘛。"儿子满腹狐疑地走开了。

第二天，儿子又问妈妈："妈妈，你今天上班了？"面对儿子充满怀疑的目光，这位妈妈依然坚定不移地答道："当然了，我一下班就急着赶回来给你做饭。"儿子听完，咬了咬嘴唇，再也没有说什么。

之后，这位妈妈发现，孩子不愿意和她分享秘密了。她觉得很纳闷，不知道问题出在哪了。后来，在一次家长会上，班主任说起段时间孩子们去公园游玩的事情，妈妈才恍然大悟。

在这个故事中，妈妈要求孩子向自己敞开心扉，自己却没有向孩子敞开心扉，欺骗了孩子。她的这种行为直接伤害到了孩子，导致亲子沟通出现了很大的障碍。如果，这位妈妈也能向孩子敞开心扉，这样的伤害是完全可以避免的。因此，我们要引以为戒，不能单方面要求孩子，自己也要向孩子敞开心扉，这样才公平。

生活中，父母们遇到了为难的事情，孩子询问时，要尽可能地向孩子敞开心扉，不要胡乱搪塞，否则会伤害到孩子，关闭与孩子沟通的大门。生活中，经常听到一些父母抱怨："和孩子沟通真难，有什么事情都不愿意和我说。"责备孩子不愿敞开心扉的同时，父母们应该扪心自问，自己有没有向孩子敞开心扉呢？想要正确引导，必须在平等的基础上更多地了解孩子，倾听孩子心声的同时，也要让孩子听到自己的心声，这样才能促进亲子间的沟通。

1. 和孩子聊聊你的工作情况。

很多父母总会埋怨孩子乱花钱，不知道节省。那是因为孩子根本不知道钱是怎么赚来的，不能体会父母的辛苦。如果，父母们能够向孩子敞开心扉，说说工作上的酸甜苦辣，那么孩子再花钱的时候，就会联想到父母的辛苦，就不会随便花钱了。事实上，父母工作的经历对孩子而言，未尝不是一笔财富。孩子长大之后，也需要参加工作。提前让孩子了解职场上的事情，孩子会更容易接受职场生活。

2. 让孩子了解你的烦恼。

任何沟通都是双向的，亲子沟通也不例外。父母想要了解孩子的感受，是为了更好地引导、教育孩子。而孩子也需要了解父母的感受，这样一来，他们才会觉得公平。在自己遇到困难时，自然而然地会向父母倾诉。

3. 和孩子分享你的小秘密。

和孩子沟通一定要有艺术。向孩子敞开心扉，分享你的小秘密，更容易引起孩子情感上的共鸣，从而建立起互相信任，更加亲密的亲子关系。如此一来，父母更容易走进孩子的世界，参与孩子的成长。

5. 放下架子，给孩子留面子

“我是孩子的父母，说他两句怎么了？”很多父母就是抱着这样的心态，去管教自己的子女。虽说父母生育子女、养育子女、为了孩子付出了很多很多，对于孩子而言，父母的恩情深似海，毕生都难以报答。但是，孩子也有自尊心，也需要得到应有的尊重。父母在管教孩子的过程中，一定要学会给孩子留面子。

教育学博士简·内尔森曾说：“说教、威胁和惩罚产生距离和敌意，而留面子的方法产生的是亲近与信任。”也许，父母们还没有意识到“留面子”在与孩子的沟通过程中带来的神奇效果。给孩子留面子不仅能够保护孩子的自尊心不受伤害，让孩子尽快摆脱尴尬境地，还能有效地缩短父母与孩子之间的距离，消除父母与孩子之间的矛盾，为双方高效沟通奠定良好的情感基础。

星期天，健健邀请了小伙伴牛牛来家里玩耍。妈妈因为周一还有例会要开，一直在书房里准备材料。只听两个小家伙先是在厨房里窃窃私语了一阵儿，接着传来冰箱门被打开的声音，随后伴随着两个孩子的尖叫声，一声“砰”的巨响传来。

妈妈连忙赶到厨房门口，刚想进去看看里面的情况，就听见牛牛紧张地对健健低语道：“呀，健健你把牛奶打翻了，这下闯祸了，你妈妈一定会说你的。”

健健妈妈若无其事地走进厨房，两个孩子惊慌失措地看着她。

“你们两个有没有受伤呀？”妈妈问道。

健健和牛牛摇了摇头。

“没受伤就好。牛奶打翻了不能喝了，你们先到客厅玩一会儿，我给你们榨一杯鲜果汁喝好不好？”妈妈问道。

“嗯，妈妈你真好。”“阿姨，你真好。”两个孩子蹦蹦跳跳地跑了出去。

健健妈妈很快榨好了一杯新鲜的西瓜汁，招待健健的小伙伴。

傍晚时分，牛牛回家了。妈妈问健健：“你自己到冰箱里拿牛奶，是想招待牛牛，是吗？”健健点了点头。妈妈接着说道：“对于你而言，一桶牛奶的重量还是太重。以后我会将牛奶倒到小一点的瓶子里，这样你就也可以拿动了。”

健健听完，高兴地扑进妈妈的怀里，和妈妈撒起娇来。

故事中的健健妈妈，面对孩子打翻牛奶的突发事件，处理得非常得当，给孩子留了足够的面子，维护了孩子的自尊心。假如，健健妈妈不分青红皂白，对孩子横加指责，丝毫不给孩子留面子，一定会伤害健健的自尊心，从而失去与孩子平静、高效的沟通机会。因此，作为对孩子的人生有着重要影响的人，父母们必须学会给孩子留面子。

1. 父母必须扔下“成人主义”。

孩子们所理解的世界与成人不同，很简单、很单纯。父母们需要站在孩子的角度思考问题，不要毫不避讳地直接指出孩子的错误，要让孩子自己去体验、尝试。

2. 对孩子的教育不能采取处罚手段。

处罚式的教育，是践踏孩子尊严的表现之一。对于孩子而言，父母的拳脚、恶语所产生的危害远远大于孩子所犯的错误。父母的处罚让孩子颜面尽失，不仅不能纠正孩子的言行，还会激发孩子叛逆的心理，与自己的父母形成厚厚的隔阂。

3. 面对孩子的错误，采取“先扬后抑”的方式纠正。

直截了当地指出孩子的错误，通常会让孩子觉得没面子，从而产生不愿继续沟通下去的逆反情绪。而且，还得到不理想的效果，不如采取一种让孩子觉得有面子的方式来纠正孩子的错误。父母们可以先赞扬孩子的优点，然后在赞美声中指出不足之处。这样一来，孩子觉得有面子，父母又达到管教孩子的目的，双赢的结果。

6. 尊重孩子的想法，跟孩子一起探讨交流

当孩子向父母表达自己的想法时，父母要尊重孩子的想法，要给孩子足够的耐心和时间，认真听听孩子的想法，和孩子一起探讨。如此一来，亲子间才能更好地沟通。正如康德曾说：“教育最复杂的任务之一，就是把服从法律的强制性向善于动用自己的自由权利结合起来。孩子只要不做有害自己和他人的事，就应当让他们有行动的自由，不要硬去改变孩子的意愿，要让孩子懂得，他们只有为别人提供达到目的的可能性，才能达到自己的目的。”

富兰克林的母亲萨拉是一位非常合格的母亲。在富兰克林小的时候，她非常尊重孩子的想法，从不硬去改变，这不仅让富兰克林和母亲建立起亲密无间的关系，更培养了富兰克林有主见的性格。

一天，富兰克林和父母一起挑选衣服。母亲为他挑了一件带花边的衣服。富兰克林不喜欢。母亲又为他选了一件苏格兰短衫。富兰克林又拒绝了。最后，他和母亲一起讨论，选择了一件水手服。

很多年之后，富兰克林的母亲说起这件事情是这样描述的，“父母们对衣服的品位虽然高雅，但是执拗的孩子并不喜欢……我们从来不尝试对他施加影响，来反对他的喜好，或者按照我们的模式规定他的人生道路。”

富兰克林的母亲是一位充满智慧的母亲，从这样一件小事情上不难看出。母亲的这种教育方式，让富兰克林养成了良好的性格，值得父母们学习、借鉴。

随着孩子年龄的增长，对外界的事物有自己的想法和观点，这原本是一件非常自然的事情。可是，生活中，总是有很多“多事”的父母，盲目地干涉孩子的思想，在和孩子沟通的过程中，经常以命令的口吻向孩子传达不可更改的“圣旨”。父母们这样的行为，是不尊重孩子的表现，不仅不能让孩子心甘情愿地按照自己的想法做事，反而会将孩子推得更远，激发孩子的叛逆心理，让亲子沟通出现问题。

因此，父母一定要学会尊重孩子，给孩子足够的空间，让孩子独立思考。终究，孩子的人生需要孩子自己决定。

1. 孩子表达出自己的想法时，父母要鼓励。

孩子不是父母的私有财产，也有独立的思考力和判断力。当孩子勇敢表达自己的想法时，说明孩子又成长了一大截儿。作为父母，不管孩子的想法是否成熟，都要鼓励孩子的这种行为。如此一来，孩子会更爱思考问题，越来越有主见。

2. 让孩子自己做决定。

面对孩子的问题，父母只能提出参考意见，最终的决定权应该交给孩子。因为，最了解自身需求的永远是自己。孩子的想法代表着他的需求，父母没有权利干涉。如果孩子的想法实在不成熟，父母可以提出更好的、更成熟的想法，但是仅供孩子参考。事实上，父母们不要太过担心孩子走弯路。成长是要付出一些代价的，不经历一点挫折和失败，孩子怎么能够成长呢?

3. 否定孩子的错误想法。

尊重孩子的想法，并不代表要全盘接受孩子的所有想法。对于孩子的一些错误的想法，家长一定要及时否定。当然，父母们也不要一副如临大敌的样子，要正确看待孩子的错误思想，进行引导式沟通，让孩子自己意识到错误。如此一来，不仅达到了纠正错误思想的目的，还维护了孩子的自尊心。

7. 不监工，才能培养有能力的孩子

很多父母在教育孩子的过程中，总是扮演监工的角色。在他们的心中，始终不相信孩子能约束好自己。因此，他们经常会说：“赶快写，我盯着你写完”、“不行，你做不好，我来做吧”、“吃药了吗？我检查一下”等等。

为什么要监督自己的孩子呢？随着孩子的成长，他们对外界事物越来越有判断力。很多时候，孩子们可以自己管理自己，知道哪些该做哪些不该做。父母们需要给孩子足够的空间，足够的信任，让孩子做自己的主宰者，孩子们会越来越优秀的。

玲玲要去参加舞蹈培训班了。和很多家长不一样的是，玲玲的妈妈从来不会监督着孩子上课。每次看到其他家长目不转睛地盯着自己的孩子上课时，玲玲就忍不住想问自己的妈妈，为什么不盯着自己。

一次妈妈送玲玲上课的途中，玲玲问道：“妈妈，你为什么从来不盯着我上课呀，其他的阿姨总是盯着他们的孩子上课，下课了还要监督她们再练一会儿。”

玲玲妈妈答道：“因为妈妈相信你能把控好自己，如果你觉得需要在课后练习一下的话，你一定会留下来练习的，如果你觉得自己已经练好了，那么又何必再继续练习呢。”

听着妈妈的话，玲玲激动地抱住了妈妈，说道：“我有一个世界上最好的妈妈。”

从孩子学会走路开始，父母就开始头疼。他们不相信孩子能独立走路，担心孩子摔跤，因而，时刻监管着孩子。而孩子呢？他们迫不及待地想要摆脱父母的双手，想要自由自在地独立行走。类似这样的事情在生活中随处可见。孩子们想要自由，自己主宰自己，不希望父母过度约束自己。他们就像初生的牛犊，急切需要更广阔、更自由的空间来施展自己的能力。作为父母，在孩子成长的过程中，要学会尊重孩子，尽可

能地放手，多让孩子自己做主。毕竟孩子不是父母的私有物，而是一个独立的个体。

1. 相信孩子可以做好。

很多时候，孩子远比父母想象中更有能力。只是，父母们总是不相信孩子，担心他们会受委屈，因此时时刻刻监督着孩子。父母们对孩子的关心之情可以理解，但是不被提倡。这种关心非常不利于孩子成长。这也是为什么很多孩子上了幼儿园之后，进步非常大的原因。相比家长们的“照顾”，幼儿园老师的“照顾”则更给孩子成长的空间。

2. 不要对孩子指手画脚。

很多“操心”的父母，不放心孩子做任何事情。孩子洗衣服，他们在一旁指挥着；孩子做作业，他们在一旁监督着；孩子出去游玩，他们近身陪同……这些事情孩子真的做不了吗？

不是的，是父母们习惯性地成了监工。孩子们在父母的监视和指挥下做事情，渐渐地就会失去兴趣，而且也会越来越抵触父母。为了摆脱父母的“唠叨”，孩子们开始可以疏远父母，有什么事情都不告诉父母。久而久之，亲子之间的沟通成了难题。究其根源，还是在于亲子间的“不平等”。

3. 蹲下来和孩子沟通。

旧社会，码头上的监工通常都会坐在高处，监视着帮运工人劳作。由此可见，高高在上的位置的确让人感到压抑。同样，在亲子沟通的过程中，由于父母的身高高于孩子，孩子处在低位，通常需要抬头仰视父母，这养一个小细节就是不平等的表现。父母高高在上，一副监工指挥者的架势，孩子们自然会感觉被压制。事实上，父母蹲下来和孩子说话，不光孩子会觉得与父母更近，连家长自身也会觉得与孩子是平等的。

第七章　正能量式沟通

鼓励支持，培养孩子的自信心——让亲子沟通更上一层楼

生活对于孩子而言，就是一片没有开垦的处女地。他们需要的就是一股开荒者的勇气和信心，而不是恐惧和退缩。因此，孩子们需要受到鼓励和支持，而非打击。作为父母，经常鼓励孩子，为孩子提供勇气和力量，是我们应尽的义务。

1. 父母的信任，孩子成长的动力

父母的信任，是孩子成长的动力。亲子间的沟通更需要父母的信任作为前提。那么，信任是什么呢？教育学家孙晓云说："信任是父母给孩子最好的礼物，是一种成长的动力。同时信任是心理的安定剂。一个人得到别人的信任的时候，心理会变得宁静、稳定、自然。它能使人变得自信起来，而且使他心理上处于一种活跃状态，这对他的发展是非常有利的。一个人如果得不到信任，会增加很多的猜测、自卑、自责、自愧，就会消磨斗志，瓦解信心。"

佳佳和邻居家的俊俊经常一起玩耍。俊俊比佳佳大三岁，有很多的小心眼儿了。佳佳则显得很稚嫩，没有俊俊那么多的心眼儿。

一天，俊俊来找佳佳玩耍。佳佳妈妈为两个孩子榨了两杯果汁，就转身去菜园里忙自己的事情去了。没过一会儿，只听屋里传来"啪"的声音，像是什么东西被打碎了。佳佳妈妈连忙跑了进去，只见奶奶正在大声呵斥佳佳，"怎么这么不懂事呀，什么东西都敢砸，电视那么贵重的东西，怎么能砸呢……"妈妈一看，果然电视机的屏幕被砸破了。

受到训斥的佳佳，撇了撇嘴，眼泪在眼圈里打转儿，"哼，我再也不理你了，坏奶奶！"说完，佳佳跑进了卧室。一旁的俊俊此时并没有闲着，而是绘声绘色地描述着佳佳砸电视机的经过，"我一直告诉他不能用球砸电视机，他不听话，非要砸电视机，结果……"

妈妈相信自己的孩子不会这么胡闹，于是她走进卧室，看见孩子正立在床边生气呢。妈妈走过去，轻轻地将佳佳拉到身边，问道："刚才奶奶说你，你觉得对吗？"

佳佳委屈地答道："不对，电视机不是我砸的，是俊俊砸的。"

妈妈笑了笑，说道："我觉得也是，妈妈相信你。但是，当时你为什么不告诉奶奶真相呢？"

佳佳生气地答道："俊俊说是我弄坏的电视机，还没等我说话，奶奶就大声吼我。我生气了，不想理奶奶了。"

妈妈这才明白原因，原来让孩子生气的真正原因是奶奶的不信任。于是，妈妈对佳佳说道："佳佳，奶奶一看电视机坏了，有些着急，所以就误会你了。如果你现在走出去说出真相，奶奶就会知道错了，一定会向你道歉的。但如果你不去说明真相，奶奶会一直认为是你做了坏事。你想让奶奶觉得做坏事的是你吗？"

佳佳思考了一会儿，走出了房间……

生活中，当他们做了坏事，家长先不要急着训斥孩子，听听孩子们的解释，要相信自己的孩子，孩子们都不会成心做坏事的。故事中的佳佳，就是因为奶奶对自己的误解，进而产生了叛逆情绪，拒绝说出真相。幸亏妈妈信任自己的孩子，耐心地和孩子进行沟通，最终消除了孩子的小情绪，正确引导了孩子。

这就是信任的力量，在孩子的眼中，父母是最重要、最亲近的人。得到父母的信任，孩子就会觉得自己被认可了，心情会很舒畅，从而愿意和父母深度沟通，说出心里话。因此，父母们要学会信任自己的孩子，给孩子最大的动力去成长。

1. 父母的信任，是对孩子最好的鼓励。

"妈妈相信你，一定可以"、"宝贝，这件事情交给你，我放心"、"放手去做吧，那点困难对你而言不叫事"等等。聪明的父母会经常这样对孩子说。因为他们知道：信任才是对孩子最好的鼓励。

2. 相信自己的判断，父母永远是最了解孩子的人。

面对他人对孩子的评价，不要偏听偏信，最了解自己孩子的人是你呀。很多父母总是喜欢从侧面了解孩子，当有人向他打小报告时，就开始怀疑自己的孩子，接着摆出一副兴师问罪的架势去和孩子进行沟通。结果不言而喻，沟通一定充满火药味。面对父母的问责，孩子就会一声不哼。事实上，孩子的内心在滴血，因为父母的怀疑。因此，当有人和你诉说孩子的不是时，先不要急着给孩子定罪，和孩子聊聊，问清缘由。

3. 支持孩子的决定。

“妈妈，我决定了参加校体操队。请相信我可以安排好时间，不耽误学习。”这时，父母们的答案应该只有一个，“你的决定，我支持。”是的，这样就可以了，不要再操心别的了。孩子既然做出了决定，也做了保证，作为父母，一定要信任孩子。事实证明，正是因为父母的信任，孩子们才有坚定不移的决定：不管付出多少努力，也要说到做到，只为不辜负父母的信任。

2. 欣赏孩子，孩子越来越优秀

每一个孩子都是天才，都有某种天赋。之所以父母觉得自己的孩子不是天才，是因为他们不懂得欣赏孩子。

孩子身上的天赋，就像是一颗原始的玉石，未被加工时，和其他普通石头一样。只有那些慧眼识珠的人才能发现它们的价值，细心打磨之后，将它们变成珍贵的宝玉。对孩子而言，父母就是那些慧眼识珠的人，只有懂得欣赏孩子，才能发现孩子身上的天赋，才能给孩子更大的鼓舞，使孩子变得越来越优秀。

晨晨开始学习跆拳道了。但是妈妈却觉得晨晨练的不好，动作不到位，对教练的指令反应也不迅速。于是，妈妈利用课余时间找教练了解情况。教练却说晨晨很有天赋，表现得很好。妈妈有些不解。

这一天，妈妈发现晨晨还是练得不成样子。于是，她生气地说道：“你是怎么回事，这么一个小动作反复练习了很多次，却还是不到位。你说上课的时候，都听什么了？”

孩子很委屈，说道：“上课的时候，我听得很认真，教练还夸我的动作到位，我也不知道为什么在家里就练不好。”

妈妈听了一愣。第二天，晨晨去上课的时候，她悄悄在一旁看着。

确实，孩子在课堂上的动作做得非常标准，反应也很敏捷，可是为什么在家里练习时就……晨晨妈妈很是不解。很快，晨晨妈妈发现，教练总是时不时地鼓励孩子，“很棒，接着来”、“厉害，再接再厉”。

看着教练习惯性地冲着孩子做出竖起大拇指的动作，晨晨妈妈找到了答案。在教练的鼓励下，妈妈发现晨晨的眼神里充满信心。晨晨妈妈这才恍然大悟，回想自己总是一味指责孩子，不是说孩子这里不对，就是那里不对，搞得孩子紧张兮兮的。孩子越紧张，就越容易出错，越出错，她就越说孩子。想到这些，妈妈心里很不是滋味，她决定，从今天开始学会欣赏孩子，多看孩子的闪光点，多由衷地赞扬孩子。久而久之，晨晨妈妈发现：孩子真的越来越优秀了。

故事中的妈妈及时发现了问题，改变了自己的态度，开始学会欣赏自己的孩子。很快，孩子变得越来越优秀。这是多么值得高兴的事情呀。可是，生活中，依然有很多的父母重复着那位妈妈曾经犯过的错误，并且越陷越深。

美国哲学家威廉·詹姆士曾经说过：“人类本质中最殷切的要求就是：渴望被肯定。”每个人都希望得到他人的认可，孩子更是如此。孩子在成长的过程中，必然会遇到很多的困难。此时，父母的肯定是对孩子最好的鼓励和支持。父母对孩子的赏识，可以让孩子充满力量，感受到被信任和被尊重，进而更上进。因此，建议父母们一定要学会欣赏自己的孩子。

1. 不要动不动就呵斥孩子。

“什么什么呀，我怎么生了你这个笨蛋呀”、“你能不能让我省点心”、“我不求你做人上人，你也没有那个能力，只希望你将来能养活自己就可以了”……

如果你正在这样指责自己的孩子，请赶快停止。你的孩子一定是一个天才，只要你学习欣赏他。在这些贬低和抱怨声中，孩子们会越来越坏，最终偏离成才的轨道。

2. 肯定孩子的进步。

即使是一次小小的进步，父母们也要及时给予肯定，让孩子体会进步的乐趣和喜悦，这样才能激励孩子再接再厉。

3. 不要盲目欣赏自己的孩子。

很多家长看自己的孩子哪里都好，做什么都好，眼睛里一点也看不到孩子的缺点。这样赏识是盲目的。孩子的优点就是优点，父母给予肯定；同样缺点也需要父母及时指出和纠正呀，这样才能让孩子变得越来越优秀。盲目欣赏自己的孩子，会助长孩子骄傲、虚荣的心理，让孩子变得目中无人、自负自大，最终走向下坡。

3. 正向教养，摒弃“暴力”沟通

王宇的父亲曾经是一个非常自信的人，生活过得红红火火，是同龄人中的佼佼者，晚年时却异常的萎靡，处处低人一等。在一次家庭聚会中，看着兄弟姐妹的孩子个个优秀，他忍不住落泪。是的，他的孩子很不成器，好吃懒惰，还很不孝顺。为了霸占父母的房子，王宇夫妻竟然将父母赶出了家门。试想，有这么一个不肖子，谁的晚年生活能幸福呢？

席间，王宇的父亲忍不住说道：“哎，王宇小的时候，多听话呀，犯了错误我罚他在窗前站着，一直站了一天，没有我的话就是不敢回屋。现在可倒好……”

听着老人的话，不禁为他感到难过，这不仅仅是因为他凄惨的晚年光景，更是为他至今还执迷不悟。体罚孩子、打孩子、骂孩子，这些难道不是导致王宇如此不成器的原因吗？俗话说：“可怜之人，必有可恨之处。”一点也不假，孩子之所以变成现在这个样子，作为父亲，王宇的父母需要负主要责任。

记得有人曾经说过：“没有有问题的孩子，只有有问题的父母。”客观来讲，这句话说得很对。父母对孩子的教育方式出现了问题，才会导致孩子走了错路，建立起了错误的是非、价值观。

事例中的王宇父亲，自小总是表扬孩子与老师作对的行为，认为这样是勇敢、厉害的表现。最终孩子也却是如他所愿“厉害了”，厉害得与自己的父母作对，赶走父母。是呀，既然和老师作对不是错，那么和父母作对自然也算不上错了。

所有的父母都爱孩子，都希望孩子顺利长大，成为对社会有用的人。但是，对于如何培养有出息的孩子，却不能用心学习、研究，通常采用最简单、危害最大的“暴力”教育。这种“暴力”教育法，虽然让孩子暂时顺从，但是却在孩子的心中埋下一颗定时炸弹，一旦这颗炸弹爆炸，毁掉的就是孩子的一生。因此，父母们一定不要采取这种教育方法，不可武力镇压，一定要以理服人，正向引导。

1. 不要打骂孩子。

孩子犯错是很正常的，谁家的孩子都会犯错。犯了错不要打骂孩子，要和孩子讲道理，让孩子知道哪里错了，正确的做法是什么，这才是父母需要做的。

打骂，只是武力镇压孩子的行为，让孩子不敢再这么做了。可是，为什么不能这么做，孩子根本不明白。随着孩子的成长，过度的打骂会激起孩子的反抗心理，甚至有的孩子会因此憎恨自己的父母，采取报复性举动。事态如果发展到亲子反目的地步，一切都晚了。因此，父母一定不要打骂孩子。

2. 即使孩子犯错了也要鼓励孩子。

孩子的行为不可能全是错的，一定有做的对的地方。父母的教育和引导要以鼓励、表扬为主，先肯定孩子的好行为，然后再指出孩子的不足之处。这样一来，孩子更愿意接受父母的教导。即使孩子的行为没有可取之处，父母也要鼓励孩子，告诉孩子，下一次一定可以做对的。

3. 不要逼迫孩子。

逼迫孩子同样不可取。任何人都不喜欢被逼迫做自己不愿意做的事情。父母不要对孩子有过高的期待和要求，要懂得尊重孩子的意愿，用自己的耐心和爱慢慢引导孩子。对于一些孩子不愿意做，又必须要做的事情，父母不要逼迫孩子去做，换种方式，先培养起孩子的兴趣，有了兴趣，孩子自然心甘情愿地去做了。

4. 赞美孩子，促进孩子的正向成长

“妈妈，我想看一会儿电视。”儿子说道。

“看多长时间呀？”妈妈问道。

“半个小时吧。”儿子答道。

“好呀，你自己控制一下时间，到了半个小时，自己关掉。”妈妈说道。

“好的，妈妈。”儿子高兴极了。

半个小时过去了，儿子主动关掉了电视机，“妈妈，半个小时到了，我自己关掉了电视机。”

“儿子，你真棒，妈妈很开心。虽然之前我们已经达成了一致，半个小时后关掉电视机，你做了你应该做的事情，但你能很好地控制自己，并且守信用，这是最令妈妈开心的。”妈妈表扬道。

这位妈妈的赞美，会促进孩子正向成长。首先，孩子会更愿意说道做到，其次，孩子更有动力克制自己的欲望。这个小情景仅仅是生活中的一个小片段。其实，只要父母用心寻找，孩子们有很多值得表扬的地方。赞美孩子是一种正能力式的沟通方法之一。这种教育孩子的方法，有助于帮助孩子树立自信心，让孩子产生上进的动力，是另一种形式的鼓励，父母们不妨多多运用。

知心姐姐卢勤说：“你为孩子喝彩，他会给你一个又一个惊喜，你说他不如别人，他会用行动证明他真的很笨。”的确，不仅孩子如此，很多成年人也如此。任何人都喜欢听赞美的语言，因为每个人都想得到别人的认可。父母对孩子的赞美，是对孩子肯定。孩子会在这种认可中，信心满满地成长。

1. 赞美孩子与谦虚无关。

很多父母不愿意赞美自己的孩子，认为孩子好应该由别人说出来，自己说是不谦虚的表现。父母这样的想法其实完全多余，给适当的赞美，可以让孩子变得更加优秀，不应该因为所谓的“谦虚”，让孩子

缺少必要的鼓舞。

2. 不要总觉得孩子“笨”。

很多父母自身的虚荣心非常强，并且将这种虚荣附加到了孩子的身上，经常拿自己的孩子与别人的孩子比较。当自己的孩子优于别的孩子时，她觉得很高兴。但是，经常和很多孩子比，总会有比自己孩子表现好的，因此，多次比较的最终结果就是孩子太笨。

这样比来比去有意思吗？能说明什么呢？有的孩子成长快一些，有的孩子成长慢一些，这都很正常。孩子成长慢了，找原因，引导孩子快点成长。事实上，从来没有什么“笨”孩子，孩子的成长速度，与父母的教育方式密切相关，父母应该从自身找原因。

3. 赞美孩子要适度。

凡事都有限度，赞美孩子也是如此。过度的赞美，不仅不能对孩子起到鼓励的作用，还会让孩子的心理发生变化，变得虚荣、骄傲、任性。总之，过度的赞美对孩子百害而无一利。

4. 别总是挑剔自己的孩子。

任何一位父母都有望子成龙的愿望。为了达成这个心愿，一些父母就采取了极端的方式，对孩子提出了很高的要求，经常挑剔自己的孩子。无故挑剔孩子，对孩子的伤害极大，会让孩子产生自卑心理，怀疑父母对自己的爱，渐渐地滋生叛逆心理。

因此，父母不要无故挑剔孩子，为了孩子能够成才，还是应该尽可能地给孩子最大空间。

5. 不要应付孩子。

孩子虽然还小，人生阅历很少，但是他们非常敏锐，尤其是在对父母情绪的感知上。父母们为了生计忙碌，常常忽略身边的孩子。有时候，孩子就一件事情，试图和父母沟通。父母知道应该放下手里的工作，认真地和孩子进行沟通。但是，他们实在是太忙了，根本顾不上思考，于是简单应付几句不疼不痒的话。在他们想来，孩子只要听到父母的回答就开心了，根本不会知道他们是否在应付。其实不然，孩子可以从父母脸上一个细小的表情上捕捉到想要的信息。因此，父母们千万不要应付孩子，孩子虽然小，但是他一定会发现的。

5. 鼓励孩子，孩子更有“向上”的动力

家长的鼓励是孩子成长的营养素，滋养孩子幼小的心灵，赋予孩子强大的“向上”的动力。

前德国总统科尔小的时候非常内性，不怎么爱说话，做起事来也总是比别的孩子慢半拍。因此，其他的小朋友经常嘲笑他。

一次，小朋友又一起嘲笑他，科尔委屈地哭了起来。爸爸看到之后，问科尔为什么哭。科尔答道：“爸爸，我是一只很笨的小鸟，什么事也做不好，其他人都看不起我。”

父亲听完，哈哈地笑了起来，“科尔，你不是一只笨小鸟，相反爸爸觉得你非常特别，别人能做好的事情，你也一定能做好，即使稍稍慢一点。别人做不到的事情，你同样还能做到。”

科尔有些怀疑地看着父亲，“爸爸，真是这样吗？”

“孩子，你有没有听过麻雀和海鸥的故事呀？”爸爸问道。

科尔摇了摇头。

爸爸思考了一下，说道：“这样吧，科尔，我先不给你说麻雀和海鸥的故事，明天我专门带你去一趟海边，让你亲眼看一看它们。”

第二天，爸爸带着科尔来到了海边。在沙滩上，有很多很多落潮留下的小鱼、小虾之类。麻雀和海鸥正在沙滩上抢夺食物。每当海浪袭来时，小麻雀的反应最为灵敏，“呼啦”一下就飞上了天空。而海鸥则显得很笨拙，费力地拍打着翅膀，好半天才飞上天空。

这时，科尔的爸爸对他说道：“孩子，你和那些笨拙的海鸥一样，反应并不灵敏，起飞时也比麻雀慢半拍，但是孩子你知道吗？能够横跨大洋的不是反应灵敏的麻雀，而是笨拙的海鸥。”

尽管当时科尔因为年纪还小，不能完全理解父亲的话，但是，父亲的话却让他不再自卑。他开始像海鸥一样，尽管反应慢，依然坚持

着“起飞”。他相信：只要自己一直努力，一定可以飞起来，只不过是慢一点。后来，随着年龄的增长，很多以前的事情都不记得了，只要父亲的这句话——“孩子，你和那些笨拙的海鸥一样，反应并不灵敏，起飞时也比麻雀慢半拍，但是孩子你知道么？能够横跨大洋的不是反应灵敏的麻雀，而是笨拙的海鸥。”科尔一直铭记于心。

事实上，科尔之所以能够成为战后德国执政最长的总理，与父亲对他的悉心教导密不可分。生活中，很多父母都明白应该多鼓励孩子，这样有利于孩子的成长。但是，他们并不知道，父母的鼓励对孩子到底有多大的影响。

和很多父母一样，科尔的父亲只是众多平凡父母中的一员，科尔的先天资质还比同龄孩子差一些，可就是在这样的基础上，父亲的鼓励还能带来如此翻天覆地的变化，为科尔日后创造辉煌人生打下来坚实的基础。那么，面对你们聪明伶俐的孩子，当今发达的教育资源，你觉得“鼓励”能产生多大的作用呢？

1．“鼓励”不是“赞美”。

鼓励和赞美，虽然都是对孩子的正面评价，都能帮助孩子树立信心，但是，鼓励具有激发和勉励的意思，意在引导孩子走向更大的成功。而赞美则是对孩子单纯性的肯定。因此，父母在生活中，可以尽量多的鼓励孩子，而不是赞美孩子。赞美孩子需要有限度，这点需要父母们弄清楚。

2．鼓励重在挖掘孩子的优势。

李白说：“天生我材必有用”。孩子们的天赋不同，这就要求父母们拥有一双善于发现孩子优势的慧眼，挖掘出孩子的优势，从而加以鼓励，让孩子充分发挥出自己的优势，进而快速成长。

6．鼓励、赞美孩子时要真诚

正如儿童教育专家陈鹤琴所言，“积极的鼓励比消极的刺激来得好，但是鼓励法也不可用得太滥，一滥恐失其效用。”鼓励和赞美孩子时，一定要有质量，有水准。因此，在父母鼓励和赞美孩子时，最基本的要求就是真诚。

鹏鹏上小学三年级了，可是写出字依然歪歪扭扭，让人不忍直视。为了让孩子把字写好一点，鹏鹏妈妈特地为孩子买来了字帖，让他临摹。

鹏鹏很听话，按照妈妈的要求，每天都临摹字帖。一段时间过去了，妈妈发现孩子写出来的字还是那么难看，而且还错字连篇。妈妈有些急躁，冲孩子吼道："怎么还是这么难看呀，你有没有认真临摹呀，马上给我擦掉，重新写。"

看着怒气冲冲的妈妈，鹏鹏有些委屈，自己已经很认真地临摹字帖了。看着自己辛苦写出的字，鹏鹏不忍心擦掉。妈妈见鹏鹏磨磨蹭蹭不肯动手擦掉，就要发火。一旁的爸爸看到，连忙阻止了妈妈，"好了好了，我来看看，你不是还要炖汤嘛，快去吧。"

妈妈看了一眼爸爸，心领神会地走了出去。

爸爸拿起鹏鹏的作业本，看了看，说道："谁说我们鹏鹏的字写得不好呀，我看就不错。你看这个'国'字写得多漂亮呀。"说着，将作业本递到了鹏鹏面前。

鹏鹏也看了看，有些安慰地点了点头。

爸爸接着说道："你再看看还有哪几个字写得好？"

鹏鹏听完，认真地看了看，又指出了几个写得不错的字。

爸爸满意地点了点头，说道："那你再看看哪几个字写得不好呀？"

鹏鹏又指出了几个写得不好的字，不过还没等爸爸说什么，他自己就主动擦掉了，对比着字帖，认认真真地写了起来。

看着儿子认真的样子，爸爸开心极了，"孩子，你不要怪你妈妈，她也是为你好，可是爸爸却觉得你进步很大，真的。"

鹏鹏听完，用力地点了点头，"爸爸，我还会进步的……"

俗话说："良言一句三冬暖，恶语一声六月寒。"故事中的爸爸及时制止了即将发火的妈妈，给了孩子真诚的"良言"。事实证明，鼓励孩子远比批评孩子更有效。鹏鹏在父亲的鼓励下，主动擦掉了写得不好的字，并表示再接再厉。这样的效果是父母们都想要的。爸爸的教育方式非常成功。

其实，无论是孩子还是大人，都喜欢受到他人的鼓励和赞美。对于孩子而言，受到父母的鼓励时，会更加开心，从而更加努力让孩子优秀起来。但是，鼓励不能滥用，要真诚，让孩子感受到父母是真心实意地鼓励和赞美自己。这样的鼓励和赞美才会提高孩子的积极性。

1. 鼓励孩子时，要有理有据。

很多父母在鼓励、赞美孩子时，常常一带而过，如："嗯，很好"、"好孩子，加油"、"真棒"等等，这样的鼓励和赞美非常不真诚，根本触碰不到孩子的心灵，对孩子几乎起不到太大的激励作用。面对这样的鼓励和赞美，孩子们通常不以为然，不当回事。

真诚的鼓励、赞美一定要有理有据，详细阐述孩子的好的行为，让孩子充分意识到自己的言行是对的，值得提倡和被表扬。这样的鼓励还是高质量的鼓励。

2. 鼓励、赞美孩子时采用多种形式相结合。

父母对孩子的鼓励、赞美有很多种形式，不单单是干巴巴的语言，如：拥抱、鼓掌、亲吻、竖起大拇指等等，这些形式和语言结合起来，鼓励的效果会更好。除此之外，父母还可以通过微信、短信、邮件等形式，对孩子进行鼓励、赞美，其效果也非常好。

3. 不要对孩子进行别有目的鼓励和赞美。

很多父母为了让孩子按照自己的规划好好成长，不惜用鼓励、赞美的力量来约束孩子，这种鼓励要不得。对孩子的鼓励一定要真心实意的，不能随便滥用鼓励，否则孩子会渐渐地不相信父母的鼓励和赞美。原本一种非常好的教育方式可能就会永远失效。孩子也会有一种被欺骗、耍弄的感觉。

7. 说话少否定，多肯定

每一个孩子都是父母的小天使，他们带着父母的期盼来到这个世界，给父母带来很多的快乐。对于这样一位小天使，作为父母，我们能做的就是尽自己最大努力给他们真正好的教育和爱。

孩子不是万能的，成年人也做不到事事完美。因此，当孩子做得不够好的时候，父母们不要过分苛责孩子，给孩子最大限度的宽容和理解的同时，不要忘记鼓励孩子。因为此时此刻，孩子的内心非常的脆弱，甚至会动摇自信。这样的结果，父母们必须及时阻止发生，多说一些肯定孩子的话，少说否定孩子的话。

不仅在孩子失利的时候这样，就连平时生活中也要少否定，多肯定，这样才能赋予孩子成长过程中必需的正能量。

婷婷今年八岁了，从记事起就开始学习舞蹈。今天，婷婷在爸爸妈妈的陪同下，参加了一场少儿舞蹈比赛。第一次参加比赛的婷婷，明显有些紧张和怯场，小小的手心里都是汗。尽管爸爸妈妈极力安抚，轮到婷婷上台表演时，依然是漏洞百出，连平日里练得熟练至极的基础动作都做错了。婷婷急着哭了起来。

台下的评委老师，看到婷婷的表现，纷纷摇头。其中的一位年轻一点的评委还小声地说道："这样的水平也来参加比赛，简直可笑。既浪费了大家的时间，也为难了孩子。"

婷婷爸爸也训斥起孩子，"哭什么哭，真是没用！"

妈妈听到爸爸的话，狠狠瞪了一眼爸爸之后，径直走上台去，给了女儿一个拥抱，说道："宝贝，别哭了，你能站在这个台上就已经很棒了，妈妈为你感到骄傲。真的没有关系，下次我们一定会表现得更好的。"

听了妈妈的话，婷婷破涕而笑，她主动要求评委老师再给自己一次机会。原本孩子们的比赛要求也不是很高，评委老师很快就同意了婷婷的请求。伴随着音乐响起，婷婷翩翩起舞。这一次，孩子的表现让在场所有的人，包括刚才那名窃窃私语的年轻评委，为之眼前一亮。

婷婷顺利夺得了第一名。看到孩子的表现和妈妈的教育方式，婷婷爸爸意识到了自己的错误，他不应该完全否定孩子。

很多时候，面对孩子的失误，一些父母选择了嘲讽、贬低、否认，就像故事中的爸爸。这些不尽心的举动，给孩子带来了很大的伤害。这种伤害远远超过失误带给孩子的伤害。而带来这种伤害的竟然是孩子最亲近的人——父母！

试想，如果婷婷的母亲也像父亲一样训斥孩子，否定孩子，孩子还会勇敢地战胜恐惧、紧张的心理吗？恐怕在以后的人生中，孩子也很难再摆脱这次比赛的阴影了。

如知心姐姐卢勤所言："父母的语言，是孩子成长的营养，爱的语言多了，一定结出爱的果实；恶的语言多了，会结出恶的果实。"因此，父母在和孩子沟通时，一定要注意自己的语言，多说一些肯定孩子的话，少说否定的话。

1．非要说否定的话语时，也要对事不对人，不要否定孩子。

"你完蛋了"、"你无可救药了"、"你简直是个笨蛋"等等，这些话绝对不能对孩子说。父母们再恨铁不成钢也要克制自己的情绪，保持理智，对孩子的不当行为作出准确的评价，不可全盘否定孩子本身。

2．不要随便说出否定孩子将来的语言。

"你将来一定吃不上饭"、"你就等着哭吧"、"就你这样，我看你也考不上大学了"等等，这些话说得既恶毒又没有依据。孩子还小，将来的事情谁能断言呢？这些"恶语"又是依据什么说的呢？没有任何依据，完全是父母被愤怒冲昏了头脑，顺嘴说出来。说着无心，听者有意，孩子们会牢牢记住这些话，无论是否认可这些话，孩子们也会或多或少地否定自己。这样的结果，相信不是父母们想要的结果。

3．不论何时，首先寻找值得肯定的地方。

父母们必须支持、鼓励自己的孩子，即使全世界都抛弃了他，父母也不能抛弃他。不管任何时候，父母们首先要做的不是否定孩子，而是寻找孩子身上值得肯定的地方，并且直言不讳地向孩子表达自己的肯定之意。

第八章　启发式沟通

循循善诱，培养孩子的思维能力——高效沟通的维生素

孩子的思维方式与成人的不一样，很多时候，孩子根本听不到父母说的话是什么意思。作为家长，我们要寻找一种让孩子听得懂的沟通方法。循循善诱是一条永不过时的沟通良方，父母们不妨通过这种方法，与孩子进行一场水到渠成的亲子沟通。

1. 对孩子要循循善诱

四岁的阳阳正在津津有味地看着动画片。为了保护孩子的眼睛，阳阳的父母规定孩子每天看电视的时间不能超过四十分钟。可是孩子只有四岁，自控力还很差，经常需要父母监管着。

“阳阳，到时间了，关掉电视机。”爸爸一脸严肃地说道。

“不嘛，我还要再看一集。”孩子说道。

“赶紧关闭电视机，否则我再也不让你看了。”爸爸很强硬。

阳阳的眼睛紧紧盯着电视，全部注意力都被正在播放的动画片吸引住了，根本没有听见爸爸说的话。

爸爸见好好说没有效果，走了过来，二话没说直接把电视机关掉了。孩子“哇”的一声哭了起来，红着小眼圈儿，直接冲到爸爸身边，打了爸爸几下。虽然孩子还很小，没有太大的力气。但是，阳阳的行为却激怒了爸爸。

“你再打我一下，试试，反了你，我非要好好教训教训你。”说着，爸爸罩着孩子的屁股狠狠扇了两巴掌。

孩子哭得更厉害，瞪着小眼睛看着爸爸。的确有效果，孩子不敢再胡闹了，可是眼神里却充满了对父亲的仇恨。

妈妈听到声音，走了过来，“阳阳，你知道爸爸妈妈为什么不让你一直看电视吗？”

孩子哽咽着，摇了摇头。

“因为你的小眼睛现在正在成长，电视上发出的光会伤害到它。你有没有感觉，看电视时间长了，眼睛就会想要流泪呀？”妈妈问道。

孩子点了点头。

妈妈接着说道：“那就说明小眼睛已经很难受了。如果你的小眼睛受伤的话，你就会看不见东西了，看不见你喜欢的小伙伴，还有可爱的小动物：小鱼、小乌龟之类的，就连动画片也看不见了，平时走路的时候也会因为看不见而摔跤的。”

阳阳听完，连忙说道：“好的，妈妈，我不看电视了，我要保护好小眼睛。”

看着妈妈不费吹灰之力就劝服了孩子，一旁的爸爸忍不住对妈妈竖起了大拇指。

控制，隐藏在每一个有思想的物种体内。其中，人类的控制欲望最为强烈。在很多家庭中，父母总是希望控制自己的孩子，这种本能性的思维表现在对孩子的强制教育上面。可是，所有人包括孩子，都不希望被人控制，因为他们同样也有思想。于是，面对父母的强制，孩子们即便是敢怒不敢言，却也在心里埋下了叛逆的种子。一旦时机成熟，它们就会发芽。最终，父母们恐怕再也无法控制孩子。

故事中的爸爸，试图用强硬方式制止孩子，虽然收到成效，却也引起了孩子强烈的不满。相对于爸爸的强硬教育方式，妈妈的引导式教育则更有效果。妈妈通过为孩子讲述看电视的危害，引导孩子独立思考，作出正确的决定，让孩子心服口服，没有丝毫被强制的感觉，轻轻松松地解决了问题。

由此可见，孩子终究是孩子，自控力很差，的确需要家长给予一定的约束。但是，这种约束不能带有强制性，要对孩子循循善诱，将道理讲明白。孩子们虽然小，却也能分清好坏。绝对不能在孩子什么也不懂的情况下，强制孩子去做某些孩子不愿意做的事情。这样即使孩子们慑于父母的权威，被迫按照父母的要求去做事，在他们的心理也充满了排斥、愤怒。时间久了，孩子心中积攒的不良情绪终究会彻底爆发，那一定是一个不可收拾的局面。只有父母们耐心引导，用孩子听得懂的话，循循善诱地给孩子讲道理，孩子们才会变得通情达理，最终心甘情愿地往正确的方向上走。

2. 让孩子多谈谈自己的感受

由于生活的压力，很多父母很难做到不把负面情绪传递给孩子，如：对孩子没有耐心、急躁，总是控制不住地吼孩子、抱怨孩子。事实上，父母们设身处地地想一想，孩子怎么可能完全听从他人的安排呢？他们是一个独立的个体，有思想、有感觉、有欲望……所有成年人有的内容，他们都有。他们不是父母的私有物品，他们的归属权只属于他们自己，而非父母。面对这样一个有血、有肉、有思想的小人，父母毫无顾忌孩子的感受，盲目要求孩子听话，根本就是一件不可能的事情。

扪心自问，身为父母，对自己的孩子到底了解多少？生活中的亲子沟通随处可见。对于孩子而言，语言表达能力不足，又出于“弱势”，被父母们镇压着，说出心里真实的感受几乎成了难事。而父母们，通常习惯了“填鸭式”的将自己的观点、要求，灌输给孩子，然后强制孩子接受，从不过多地听听孩子的心声。久而久之，亲子沟通变得越来越不顺畅，孩子们越来越封闭自己，亲子间，你不知我，我不知你，无话可说。

兰兰的妈妈是一名会计。由于财务特殊的工作性质，要求工作人员时刻保持谨慎、专注，不能出一点差错。兰兰的妈妈也是如此，每天都保持着注意力高度集中的状态，一天下来，早已精疲力竭，提不起半点精神，回到家里，只想静静地放松一下。可是，一天没见妈妈的孩子，总是粘着妈妈，纠缠着让妈妈讲故事。

“妈妈，妈妈，你陪我一会儿嘛，给我讲个故事吧。”兰兰摇着妈妈的胳膊，乞求道。

“好孩子，听话，自己玩一会儿。妈妈工作一天了，有些累了。”妈妈勉强睁开眼睛，对孩子说道。

“不嘛、不嘛，就让妈妈讲故事。”兰兰开始执拗起来。

妈妈开始急躁起来，“有完没完，能不能安静会儿，都和你说了我很累，你怎么这么不懂得体谅别人呢。去，自己玩。”

看着生气的妈妈，兰兰安静了下来，小声地说道：“那好吧，妈妈你休息吧。”说完，孩子红着眼圈走开了。

看着孩子委屈的样子，妈妈有些后悔自己刚才的行为。她提了提精神，起身走到孩子身边，说道：“宝贝，对不起，妈妈不应该那样大声吼你。一天没有见到妈妈了，想让妈妈陪你一会儿，对吧？”

“嗯，我就是喜欢妈妈，才想让妈妈陪的。”孩子委屈地说道，眼泪竟然还吧嗒吧嗒地掉下来了。

妈妈笑了笑，将孩子抱到腿上，说：“妈妈知道，其实妈妈只是有些累了，休息一下也很想和兰兰玩的。”

“是吗？妈妈，你刚才那样吼我，我还以为你不喜欢我呢。”兰兰说道。

听到孩子这样说，妈妈吓了一跳，她怎么也没有想到自己吼了孩子几声，孩子竟然产生了这样的想法，幸亏今天主动和孩子谈心了，不然时间长了，孩子的心理会扭曲成什么样子。

想到这里，兰兰妈妈连忙解释道：“宝贝，你是妈妈唯一的孩子，妈妈永远都喜欢你。即使妈妈对你吼叫了，心里也是喜欢你的。这一点，你记住了永远不要怀疑。”

“是的，妈妈我知道了。可是我如果不听话了，也是喜欢我的。”兰兰语无伦次地表达着自己内心的感受。虽然，语句不通，可是妈妈听得懂孩子的意思。

正如故事中的兰兰在妈妈的引导下，说出了内心的真实感受。孩子的感受让母亲大吃一惊，她怎么也没有想到孩子的感受竟然是这样的。生活中，由于孩子们主动表达内心感受的能力和意识不强，想要知道孩子的感受，加深对孩子的了解，父母们需要引导孩子，让孩子多谈谈自己的感受。孩子说出来的越多，家长对孩子的了解就越深刻，从而对孩子的关心和教育就会更具体，亲子沟通也就变得更顺畅。

引导孩子说出感受的方式有很多，父母们可以参考以下两种方式：

方式一：提问

孩子不愿意主动说，家长们可以问呀。在提问的环节，父母们需要注意不能问孩子回答不上来的问题，由浅入深，慢慢进行。除此之外，家长们还需注意提问的语气，不要用质问的语气，要自然、温和地向孩子提问。

方式二：抛砖引玉

很多孩子不愿意和家长沟通，源于对家长的戒备心理。面对这样的孩子，父母们可以主动与孩子交心，分享自己的感受，抛砖引玉，以诚心打动孩子，引导孩子放下戒备、紧张的心理，主动打开话匣子。

3. 站在孩子的角度，把自己变成孩子

“我非常不愿意你……”、“听我说……”、“按我说的做……”几乎所有的父母都曾经不止一次说过这样的话。

为什么非要孩子按照你的意愿做事情呢？家长们不停地寻找如何和孩子进行高效沟通的方法。试问，单方面地按照家长的意思行事，还需要沟通吗？

家长朋友们，你们有没有真正思考过孩子想要的是什么，亲子间沟通的最终目的是什么？想要真实地去了解我们的孩子，必须学会换位思考，将自己变成孩子，以孩子的视角看世界。

晚饭后，阳阳拿着爸爸的手机听童话故事。阳阳喜欢一边听故事，一边看着手机里的图片一张一张地变化。可是，爸爸的手机设置了省电模式，超过15秒不触碰手机屏幕，就会自动黑屏。再一次重进界面，需要输入解锁密码。每一次黑屏，阳阳都会求助妈妈解除黑屏。次数多了，妈妈决定教给阳阳具体的操作方法。

在妈妈的带领下，阳阳独自操作了几次，终于成功学会了。孩子兴奋得跳了起来，“呵呵呵，太好玩了，还真挺好玩的……”。看着儿子兴奋成这个样子，妈妈稍稍有些惊讶，“至于嘛，就这么一件小事情，

你就高兴成这个样子呀。”母亲的话音一落地，孩子脸上的兴奋表情随之消失了。

看着儿子有些沮丧的小模样儿，母亲意识到了自己说错话了。对于一个4岁的小孩子，他对世界上的一切事物充满了好奇。当自己独自一人成功做成一件事情时，那种兴奋的感觉不言而喻。想到这里，阳阳妈妈赶忙转换思想，站在孩子的角度思考问题。她连忙补救道：“是不是不用妈妈帮忙也能自己搞定它，这种感觉很爽呀？”

儿子连连点头……

妈妈微笑着，故作神秘地说道：“那我再教你一个更有意思的操作。”说完，阳阳妈妈领着孩子来到卧室，拿出一个小小的计算器，教起孩子如何使用计算器。很快，卧室里传出阳阳充满惊喜的喊叫声，“妈妈，太棒了，用计算器我就能够答出老师问的问题啦。”

在这个故事中，阳阳妈妈及时地进行换位思考，体会到了孩子初学成功的那种喜悦心情，从而成功扭转了局面，进一步走进了孩子的世界。这一点是值得家长们借鉴的。

在孩子的世界里，有其独特的思维逻辑。想要更好地与孩子进行沟通，需要家长们学会与孩子换位思考，最好把自己变成一个孩子，这样才能更好地体会孩子的感受。

1. 努力体会孩子的感受。

当孩子受了委屈，“哇”的一声哭了起来。妈妈只是轻描淡写地说上一句：“别哭了”、“不许哭”、“坚强一点”等等，相信在孩子的心里一定会觉得更委屈，也会觉得妈妈不够爱自己，不了解情况，进而想产生疏远的感觉。像这种情况，家长一定要努力体会孩子的感觉，哪怕说一句“妈妈知道你有些孤独了。”都可以让孩子感受到父母是理解自己的，因而更愿意亲近父母。可见，在与孩子的沟通中，体会孩子的感受是拉近距离的关键一步。

2. 站在孩子的角度，信任孩子。

当孩子和我们诉说所经历的事情和感受时，家长要站在孩子的角度，相信自己的孩子，不要糊里糊涂地怀疑、误解孩子。要知道，父母和孩子之间相互信任是进行高效沟通的前提。

3. 耐心倾听孩子的心声，不要急于发表意见。

父母在和孩子沟通的过程中，应该多一些耐心，认真倾听孩子的心声。事实上，作为成年人的我们，很难做到完全站在孩子的角度思考问题，习惯性的以成人的思维模式思考。因此，耐心倾听孩子的心声，无疑可以帮助我们全部了解孩子的所思所想，从而更准确地切入有效的观点。

4. 寓教于乐，做个幽默的家长

幽默的沟通引导方式可以激发孩子活泼可爱的天性，影响孩子对生活的态度，也是孩子沟通的最有效果的方式。所以，在教育孩子的过程中，做个幽默的家长，寓教于乐，符合孩子的天性，让孩子在欢声笑语中接受父母的教诲。相信所有的孩子都愿意倾听这样的教诲。

一天放学后，姨妈带着玲玲的小表妹来家里做客。妈妈为小客人准备了蛋糕和水果。可是，还没等小表妹吃，玲玲竟然一口气把蛋糕吃光了。小表妹没有吃到蛋糕，委屈地哭了起来。

面对这样的情景，玲玲妈妈并没有当众批评孩子，而是微笑着问道："蛋糕是我为小客人准备的，现在是不是被一只淘气的米老鼠偷吃掉了？"

玲玲有些不好意思，说道："可能是那只米老鼠也想吃蛋糕了。"

妈妈顺着孩子的话，接着说道："嗯，那你再看到它时，告诉它不能抢客人的东西吃，如果它也想吃的话，告诉妈妈，妈妈也可以为它做一块蛋糕。"

玲玲听完，钻进妈妈的怀里咯咯地笑了起来，"妈妈，我告诉你一个秘密，其实不是米老鼠偷吃了蛋糕，而是我吃了妹妹的蛋糕。妈妈，你再帮妹妹做一块吧。"

"原来你才是那只馋嘴的淘气包。你吃了妹妹的蛋糕，妹妹没有蛋糕吃了，急得哭了起来，你觉得妹妹很可怜，所以让妈妈再给妹妹准备一块，对么？"妈妈问道。

玲玲用力地点了点头。

故事中的妈妈，用了一句非常简单的玩笑，就让玲玲主动承认了错误，达到了教育孩子的目的。妈妈的这种教育方式就是寓教于乐，让孩子在愉快中认识自己的错误并积极地改正。

生活中，有的父母对孩子非常严厉，经常板着一张脸，吓得孩子浑身发抖，却不能与孩子进行很好的沟通。相反，那些富有幽默感的家长，经常和孩子打成一片，笑在一处，却能很好地教育、引导孩子。一个是剑拔弩张、伤透脑筋，另一个是轻轻松松，大家一起开心。相比之下，做一个幽默的家长才是家长和孩子最好的选择。

当然，想要做一个幽默的家长也非一件容易的事情，要求家长有高水平的修养和心理承受力，还要有一定的文化水平。有一定的文化知识，可以丰富家长的谈话内容、提高谈话技巧。而良好的心态和修养是指家长在与孩子沟通的过程中，保持冷静理智，不做出冲动莽撞的举动，学会站在孩子的角度，以幽默的方式，正确引导孩子。

俗话说："良药苦口利于病"，对于现在的孩子，这句话明显不适用。药再好，再能治病，可是太苦了，孩子们不肯喝下去，终究还是会导致病情加重。因此，父母们必须找到好喝、美味的良药，让孩子心甘情愿、高高兴兴地喝下去。幽默不仅仅是一种艺术手段，更是一种沟通方式。无论是孩子还是大人，都喜欢和幽默的人交流，原因只有一个——觉得愉快。当然，如果人们在快乐中知晓一些实实在在的道理，那将是又一境界的幽默了。

1．开朗、乐观的心态。

幽默不仅仅是一种沟通的方式，更是一种生活的态度。有幽默感的人，其心理基础一定是开朗、乐观的。没有这样的心理基础，根本做不到幽默，也不可能带给他人欢乐。因此，想要成为一个富有幽默感的父母，首先需要调整自己的心理状态，心理美，才能展示美。

2．尝试幽默的表现风格。

有一种人，似乎生来就有幽默细胞。他们一说话，无论面目表情多么认真，总是让人觉得很幽默，气氛很愉快。这种天赋是可以后天培养的。作为父母，不妨尝试一下，从说话时的神情、语态和肢体动作开始，首先做到大大方方、自信满满地展示自己，不要拘束。孰能生巧，尝试一段时间，就会形成习惯，久而久之就会越来越风趣。

3. 多说幽默的语言。

将一本正经的道理用幽默的语言说出来，更容易被人接受。同理，亲子沟通中，父母们尽量多地采用幽默的语言表述问题。孩子们接受起来会更容易，从而促使亲子沟通更顺畅。

4. 幽默也要有分寸。

一个成功的有幽默感的父母，既要保持适度的幽默，同时有不能失了分寸。有些正式的场合，不适合随便开玩笑，需要郑重的时候就要郑重。亲子沟通也是如此，不能失了分寸，成为一个“傻乐”的父母。

5. 激发孩子说话的兴趣

但丁曾说：“语言作为工具，对于我们之重要，正如骏马对骑士的重要。最好的骏马适合于最好的骑士，最好的语言适合于最好的思想。”意大利著名教育家玛利亚·蒙台梭利也曾说过：“一个孩子的智力发展和形成概念的方法在很大程度上取决于语言。”可见，从小培养孩子的语言表达能力，激发孩子的说话兴趣，是亲子沟通的主要任务之一。

“妈妈，我回来了！”女儿铜铃般的声音响亮起来。

“宝贝，你回来了，来妈妈亲一下。”露露妈也赶忙表达自己的爱。

这对母女感情很好，女儿活泼可爱，母亲也开朗乐观。可最近，妈妈发现女儿对说话不怎么感兴趣了。她和其他几个家长了解了一下，她们的孩子也是如此。对此，她们决定见面，好好研究一下，找找原因。

“我家孩子从幼儿园放学回来，一头扎进自己的世界里，玩起来玩具，根本不愿意和我说话。每当我问他：‘在幼儿园里学了什么？’他的回答总是：‘没什么’。我再问他：‘在幼儿园里吃了什么饭？’人家的答案更直接——忘了。你说，这样的谈话还怎么往下进行。”

东东妈妈抱怨道。

“是呀，是呀，你说的这种情况，我家也是，搞得我根本了解不到孩子在幼儿园里的状态，真是急人。”丁丁妈妈附和道。

露露妈妈想了一会儿，说道：“你们说是不是我们提问的方式有问题呀？孩子们那么小，根本没有能力把在幼儿园里一整天发生的事情全都说出来。我们的问题这么笼统，孩子们不知道该怎么回答了，于是就不愿意多说了。”

东东妈妈表示赞同，“你说的也对，好像是有些不好回答。”

妈妈们你一言我一语，最后都觉得露露妈妈说得对。于是，大家约定改变一下提问的方式，再看看效果。

第二天，露露从幼儿园回来。妈妈蹲在孩子身边，说道：“宝贝，今天在幼儿园里玩得挺开心呀。妈妈看你蹦蹦跳跳地走出幼儿园，好像心情很好耶。”

“是的，是的，今天小狼老师带着我们一起做游戏，小狼老师扮演大鳄鱼，抓我们。每一次我都能顺利逃脱，躲进森林里。可是，佳佳总是跑的很慢，被抓到，我们还要返回去拯救他。”孩子兴奋地说道。

“是呀，原来你们今天上的是体能课呀。露露喜欢小狼老师么？”妈妈问道。

“喜欢，小狼老师可好了，总是和我们玩。”露露认真地回答道。

“那小狼老师中午和你们一起吃饭了么？”妈妈接着问道。

孩子摇了摇头，“没有，我没有看到小狼老师，他不和我们一起吃。”

“是么？中午吃了什么呀，是不是小狼老师不爱吃，才没有和你们一起吃呀？”妈妈问道。

“馒头和蔬菜还有汤，挺好吃的，小狼老师可能是去别的班吃了……”

至此，妈妈想知道的信息都知道了，孩子却停不下来了，将幼儿园的事情，大大小小全说了个遍。

同样是妈妈想要了解孩子在幼儿园里的情况，采用了不同的引导方式，结果竟然如此不同。之所以会有这样的差异，除了孩子自身的表达能力之外，父母的引导方式也起到了很大的作用。

语言是人与人沟通时的主要工具。语言能力是孩子智力能力和社交能力的核心。所以，在孩子成长的阶段，父母们一定要采用行之有效的引导方式，激发孩子说话的兴趣，从而锻炼孩子的语言表达能力。

1. 采用正确的提问方式。

提问，通常作为沟通开始的第一环节，对能够顺利开展有效的沟通，起到了关键性的作用。正确的提问方式，能顺利开启沟通，打开对方的话匣子，激起对方说话的兴趣。相反，糟糕的提问方式，不仅不能开启沟通，还会让已经进展顺利的沟通戛然而止。因此，作为父母，在和孩子沟通的过程中，不可以采用质问、审问式的提问方式，要多站在孩子的角度，体会孩子的感受，找到孩子的兴趣点，提出能够激发孩子说话兴趣的问题，从而促使亲子沟通高效展开。

2. 注意提问的技巧。

孩子终究是孩子，主动说话的能力不足。如果父母提出的问题过于笼统，那么他们的回答就会很简单。如：父母问：“今天过得好么？”那么孩子的回答只能是：“还不错”之类的话。因此，父母要注意提问题的明确性、针对性、从而提高孩子说话的主动性。

3. 多给孩子创造说话的机会。

客人面前、公共场所、家庭宴会上、学校活动中等等，这些机会都是锻炼孩子说话能力的大好时机。父母们要多多鼓励孩子在这些场合讲话。孩子的能力是无限的，练什么有什么。只要有足够的锻炼机会，孩子们一定可以成为“小外交家”。

6. 转移注意力，适当躲开僵局

“我家孩子就是很烦人，你越不让干啥，偏干啥，死犟死犟的……”很多父母都这样评价过自己的孩子。言外之意就是在某一件事上陷入了亲子沟通的僵局中，没有很好地解决僵局。

事实上，不管是孩子，成人也是如此，正当你兴致勃勃地做着自己感兴趣的事情时，的确容易听不进别人阻止的意见。人之常情。但是，孩子的问题则相对简单很多，他们的注意力非常容易被分散，这就给亲子沟通提供了很大的便利。当亲子沟通即将陷入僵局时，父母们不妨可以尝试一下转移孩子的注意力，说不定能迅速解困，避开沟通的僵局。

天天今天四岁了，是个倔小孩。只要是她想做的事情，父母必须按照她的想法做，否则她就能哭上一整天。这不，正在忙着工作的妈妈接到了奶奶的电话。

“哎呀，你快回来吧，我可是弄不了这孩子了。”奶奶那边急得快哭了。

“怎么了，妈，您先别着急，慢慢说。”天天妈妈连忙安慰老人。

“早上我带着天天来商场里，想买点青菜，所以就没有带太多的钱。结果，天天看上了一个学习机，非要买，两千多块钱。我说让你爸妈了解一下，看看适不适合你再买。说什么也不听，哭着闹着非要买。闹得实在不像话了，我妥协了，说回家取钱再来买。可是这孩子就是不答应，就要立即就买，抱着人家的学习机坐在地上哭闹。哎呀，我真是管不了了，你快回来吧。”奶奶气喘吁吁地说着，显然是被孙女的行为气坏了。

天天妈妈听到这里，顿时火冒三丈，一个小姑娘，坐在地上又哭又闹，成何体统。于是，妈妈火急火燎地从单位赶到奶奶说的商场里。果然，女儿还在那哭闹。当时，天天妈妈恨不得立即冲上去，狠狠地揍孩子一顿。最终，理智控制住了愤怒的情绪，天天妈妈强忍着胸中的怒火，思考着怎样扭转眼前的僵局。

“天天，你想买学习机了是不是，我们自己动手做一个学习机好不好？”妈妈问道。

“还能自己做么？和这个一样么？”天天停止了哭声，问道。

“是的，比这个还要好。我们现在就回家去做。”说完，妈妈拉着天天离开了。回到家里，妈妈拿出橡皮泥和天天一起捏了起来。天天专心致志地玩着橡皮泥，再也没提买学习机的事情了……

身为父母，经常会遇到孩子不讲理的时候。这个时候，你是想要和孩子执拗到底，最终演绎一场亲子大战，还是希望扭转话题，巧妙躲避僵局呢？答案不言自明。正如，故事中的妈妈，面对孩子和奶奶摆出的僵局场面，她并没有一边倒地站在奶奶那边指责孩子，也没有向孩子妥协，而是成功转移了孩子的注意力，巧妙地化解了僵局。这种引导式沟通方式，值得家长们借鉴。

事实上，成功转移孩子的注意力非常简单，而且孩子年龄越小注意力越容易被转移。对此，父母们不妨采用以下两种方法转移孩子的注意力：

第一，折中法

在孩子的成长过程中，亲子间的沟通每天都在进行。孩子们提出的要求越来越难搞定。答应孩子吧，父母觉得没有必要，而且有些力所不能及；不答应孩子吧，父母又觉得没有给孩子足够的尊重，于是，父母陷入了两难的境遇中。这时候，父母和孩子不妨各让一步，采取折中的办法。既能成功转移孩子的注意力，又不会让自己太为难。

第二，温和引导法

当亲子沟通陷入僵局时，孩子的情绪会很激动，会产生叛逆心理，做出故意激怒父母的举动来。这时，父母不要被孩子的举动激怒，要保持理智，宽容孩子的行为，给孩子平复情绪的时间和空间，直到孩子平静下来，再慢慢引导。很多时候，孩子之所以固执，不是因为非要那样做，而是和父母较上劲儿了。当他们冷静下来之后，自然固执的劲头也就不那么强了。

7. 借事或情景与孩子沟通

阳阳今年四岁了，经常听妈妈讲故事。

一天晚上，讲故事的时间到了，妈妈问："阳阳，你喜欢听什么故事呀？"

阳阳回答道："小熊、电视机、雪橇。"

妈妈一愣，心想："哪和哪呀，哪有这种故事呀。"忽然妈妈灵机一动，可以编一个这样的故事呀，借此纠正孩子长时间看电视的坏毛病。

于是，妈妈讲了起来：

从前有一只可爱的小熊，雪橇划得非常棒。其他小朋友都很羡慕它。熊妈妈也为它感到骄傲，并在他四岁生日那天，送给它一只非常漂亮的雪橇。小熊非常喜欢，每天都带着它到深林深处的山坡上滑雪。就这样，小熊每天都生活得很开心。

直到小熊迷上了看电视。电视里的动画片真好看，小熊看起来就停不下来，一看就是一整天，眼睛眨都不眨地盯着电视机的画面。强烈的光线，伤害到了小熊的眼睛，它开始觉得眼睛不舒服了，总是流眼泪，渐渐地看东西越来越不清楚了，稍稍远一点就看不见。熊妈妈带着小熊去看医生。医生却告诉它们，小熊的视力正处在发展期，这个时候造成的伤害是永久的，是不能恢复的。也就是说，小熊的眼睛治不好了。

从那以后，小熊再也不能滑雪橇了，连平时走路也经常会因为看不清脚下的路而摔倒。看着其他小动物们依然快乐地滑着雪橇奔驰而过，小熊后悔极了……

妈妈讲的过程中，阳阳听得非常认真。等到妈妈讲完之后，阳阳说道："妈妈，我以后也不能经常看电视了。不然我的小眼睛也会看不见东西的。"

在这个故事中，妈妈将阳阳的一些事情，转移到了故事主人公小熊的身上，对孩子起到了很大的教育意义。

不光是运用小故事，父母们可以灵活运用身边的任何事物和情景，借以教育引导孩子，如：农民辛苦劳作的情景、贫苦地区的小朋友的生活和学习情景、威武庄严的大会堂、充满学术气息的象牙塔等等，这些都可以成为家长们引导和教育孩子的工具。让孩子亲眼见证农民的辛苦，从而引导孩子珍惜粮食，珍惜他人的劳动成果；让孩子亲身感受贫苦小朋友生活的艰辛，从而引导孩子学会感恩，学会节省，还可以培养孩子的爱心；让孩子亲自到向往已久的大学校园里走走、看看，从而激发孩子努力学习的决心……

父母对孩子的教育方式多种多样，不是只有单一枯燥的说教一种形式，自然界的万事万物都是父母手中的教材，生活中的点点滴滴都是教育的情节再现。而孩子们也更愿意接受父母的这种教育方式。生活中，父母们不妨参考以下几种沟通方式，引导孩子主动纠正自身的不足之处。

1. 带孩子走出去。

孩子绝对不能宅在家里，虽然未必能够读万卷书，但尽可能地让孩子行万里路。走走看看，多接触，孩子的视野被打开，自然成长得更快些，看得更远些。开豁视野的过程中，父母再结合实际，对孩子加以引导，教育出优秀的好孩子绝对不是问题。

2. 让孩子多了解一些成功人士的过往经历。

没有任何人的成功可以复制，但是成功者在奋斗途中展示出来的智慧和高尚的品质是值得人们学习和借鉴的。对于孩子而言，多了解一下这些，有助于孩子自我提高和自我反省。一个道理直接被讲出来，很枯燥，如果能够结合具体的事例，听起来的效果就不一样了，父母们一定不要忽视这一点。

3. 多结合身边的人和事来启发孩子。

每天发生在我们身边的事情，可以说是一部剧情绝对精彩和真实的“影片”。如果，家长可以借助身边有教育意义的人和事来启发、引导孩子，那么，孩子定然会感受更深刻。因为，这些事是的的确确发生在身边的，自然不同于那些虚化出来的故事和传记。父母们应该学会充分利用身边的生活资源，活灵活现地教育孩子。

第九章　民主的光芒

摒弃专制，培养孩子的选择和判断力——轻松、民主、智慧的亲子沟通

想要与孩子进行高效的沟通，父母需要营造一个良好的沟通氛围：轻松、自在、民主。没有强制性，将自己的观点转化成建议，供孩子参考，这样一来，孩子就会情不自禁地打开话匣子，向父母敞开心扉。同时，还可以锻炼孩子的选择、判断力。

1. 建议取代呵斥、打骂

成长的过程中，孩子总是会犯各种各样的错误，闯下大大小小的祸让父母烦心。一会儿打碎了花瓶，一会儿又把邻居家的小孩子打哭了；一会儿逃课了，一会儿又考试不及格了……用父母们常说的话："就没有个闲时候，整个一个惹祸精。"

面对这些"惹祸精"，有的父母忍不住地训斥、辱骂，甚至给两巴掌。而孩子们在听到父母带有"杀伤力"的语言时，或是沉默不语、封闭自己，或是奋起反抗、与父母争执起来。无论他们采用何种反应，亲子间的沟通都在朝着不好的方向发展。

事例一：京京今年初三了，眼看就是考高中的关键时刻了，可是他的成绩还是那么差强人意。为了能够迅速提高孩子的成绩，京京爸爸制定了一套学习计划，让京京严格执行。尽管京京按照父母制定的学习计划安排学习内容了，但是成绩还是没有提升。父亲有些生气，指着京京骂道："你怎么这么笨呀，别人都会，就你不会呀！"

事例二：婷婷妈妈决定利用空余时间好好培养孩子。于是，她来到书店，买了几本《儿童数学思维》，回到家里，迫不及待地照本宣科，给四岁的婷婷讲了起来。讲了几页之后，妈妈发现婷婷根本也听不懂，连最简单的"1+1=2"都理解不了。婷婷妈妈是个急脾气，见给孩子说了半天都不能让孩子明白，便开始急躁起来。说话的声音也不像平时温和了，音调也高了数倍。最后，干脆崩溃，控制不住暴躁的情绪，对孩子大声吼道："你快把我折磨疯了，难道我生了一个笨蛋么？"一旁的父亲有些听不下去了，"你好好说话，这像一个做妈说的话么？"

类似上述事例在生活中并不少见，甚至说很普通。父母们对孩子没有足够的耐心。孩子接受新事物的能力有限，一旦父母说了半天依然理解不了时，有些父母就开始控制不住暴躁的情绪，对孩子呵斥、打骂。难道这样就可以改变孩子理解不了的事实了么？当然不能，这样做的后果只是让孩子产生抵触心理，越来越不愿意为进步付出。

其实，孩子们是不可能完美的，无论在任何方面。父母们面对孩子的缺陷，不能只是吼叫、打骂、贬低、嘲讽，这有什么用呢？一边父母们拼命地说："你必须……"、"你不可以……"、"你真笨……"为什么要这么说孩子呢？孩子不是私有物品，想打就打，想骂就骂，孩子需要得到应有的尊重。

与其费力不讨好，惹得孩子和自己对着干，还不如给孩子应有的空间，让自己以一名建议者的身份，参与到孩子的成长中去，对孩子提出合理的建议，并不强制干涉孩子的行为。这样轻松、民主的沟通方式反倒是让孩子掌握在父母的手心里了。

1. 心平气和地提建议。

既然是建议，那么孩子可能采纳，也可能不采纳。无论孩子是不是采纳了父母的建议，父母们都要摆正心态，尽量给孩子选择的空间，不要强制孩子采纳自己的建议。采用这种方式与孩子沟通的方式，意在拉近与孩子的心灵距离，从而促进亲子间的沟通，最终达到教育孩子的目的。

2. 给孩子提建议时，要有理有据，并向孩子真实表述。

"我希望……"、"我的建议是……"父母们再说这些话的时候，一定要如实陈述原因，为什么会向孩子提出这样的建议。孩子们了解父母的真实想法后自然也会有自己的思量。如果父母在表述建议时，不说明理由，基于孩子尚不成熟的理解力，孩子可能不能完全理解，从而错失更全面思考问题的机会。

3. 将自己的观点转化成建议，孩子会更愿意接受。

很多父母担心，如果不强制要求孩子执行，只是建议，恐力度不够，给孩子选择的权力太大了。事实上，父母们尽可能放弃这样的担忧。如果你提出的建议合情合理，孩子定也会采纳，在没有他人强迫的情况下，孩子往往会显得足够明智。而且孩子执行起来的效果定然比被迫执行的效果好很多。

2. 不将自己的意愿强加在孩子身上

父母们经常会犯下一些“己之所欲，定施于人”的错误。也就是说，一些父母经常会将自己的意愿强加到孩子的身上，不管孩子是否愿意。父母们这种“专制性“的行为严重阻碍了亲子间的有效沟通。

事实上，父母们的意愿并不一定是坏的，很大程度上好的想法会多一些。但是，这些意愿未必符合孩子目前的能力水平、情绪管控水平、智力发展水平、情商发展程度。不适合孩子意愿，会让孩子感觉到压力，不仅对孩子的成长没有好处，还会影响孩子的心理平衡。因此，尽管父母的初衷是好的，也请父母们不要将自己的意愿强加在孩子的身上。

小宁宁最近迷上了蹦蹦床的游戏，每天都缠着妈妈带他去蹦蹦床上玩。爱玩是孩子的天性，妈妈原本也没有打算限制孩子的天性，于是便满足了孩子的请求。

可是这天，天公非常不作美，呼呼地刮着寒风。宁宁还想去蹦蹦床上玩。妈妈没有同意，“天气太冷了，在屋里玩吧，别出去了。而且，妈妈也没有时间陪你去。”

“不嘛，我就要去蹦蹦床上玩，我和那个小朋友约好了。你没有时间，我自己去吧。”宁宁犯起了犟劲儿。

“天这么冷，真的不能去，你会被冻感冒的。”妈妈终于说出了心里话。

“没关系的，我会照顾好自己的。”宁宁坚定地说道。

看着孩子心意已决，宁宁妈妈换了一种方式，“这样好不好，你别出去了，我们一起看你最喜欢的《海底小纵队》，好不好？”

宁宁还是想要出去，不愿意听从母亲的建议。最后，母亲没有再说什么，而是给宁宁穿上了厚衣服，陪他下楼了。

小孩子就是这样，他们思虑问题的模式很简单，只是单纯的“我想”，而不会综合其他条件整体思量。成年人则不同，因为生活阅历丰富，有经验，所以在考虑问题时会多方思量，权衡之后再做出决定。尽管如此，面对孩子的单纯性思维模式，父母们依然不要强制将自己的意愿加在孩子身上，要尊重孩子的意愿，尽可能地为其做好辅助工作。

这就是建议式沟通的特点，父母有权将自己的想法以建议的形式转达给孩子。但是，父母的意愿并不能代替孩子的意愿，一定要客观、理性地与孩子沟通，要尊重孩子的意愿和自主性，允许孩子做自己的主人。

事实上，孩子被迫接受父母的意愿，反而更容易辜负父母的期待。因此，父母要学会尊重孩子，站在孩子的角度思考，理解孩子的内心需求，给孩子更多的空间和自主权，从而更好地引导孩子成为自己期望中的人。

3. 多把决定大权交给孩子

建议式沟通的关键在于将决定的大权交给孩子。虽然父母们在原则性问题上抱有独断专行的权力，但生活中的多数事情，还是应该可能地让孩子自己做决定。父母的角色仅仅是建议者，有提意见的权力，却没有决定的权力。

事实证明，建议式的沟通方式是一种非常高明的沟通方式，孩子在这样的环境下成长起来，通常更具有判断力和选择力，而且更有责任感。因此，建议父母们尝试这种沟通方式，让孩子在独立自主的家庭环境中，享受成长的快乐。

思思的妈妈文化水平很高，思考问题和看待问题的角度非常科学，在教育孩子方面亦是如此。在思思的教育环节中，妈妈采取的建议式沟通方式，凡是与思思有关的事情，从来都让孩子自己做最后的决定。

早上，妈妈通常会给思思搭配好两身衣服，让思思自己选择穿哪套；选择培训班也是如此，思思根据自己的喜好，自行决定；妈妈的这种教育方式，让亲子间感情非常亲密，母女二人凡事有商有量，和谐极了。

但是，妈妈依然会提出自己的意见和观点，通常思思还是非常赞同母亲的观点。

后来，农村的奶奶来到了思思家里。奶奶是一个非常强势的女人，看不惯妈妈如此纵容孩子。因此，她经常斥责思思妈妈，并且全权接管了思思的教育。一时间思思仿佛掉入了炼狱，吃什么、穿什么、什么时间做作业、什么时间玩耍、去哪玩耍等等，都要经过奶奶的批准。没过多长时间，思思受不了了，开始有了反叛的举动，专门和奶奶对着干。奶奶一说话，她不是堵着耳朵，就是回到自己的房间，关上房门。祖孙二人的关系日趋紧张。

爸爸见到祖孙二人如此不和睦，曾几次尝试着规劝奶奶。可是，奶奶依旧我行我素，不肯改变方式。最后，思思和奶奶的关系彻底决裂，不仅不接受奶奶的约束和管教，反而开始顶撞奶奶。奶奶则把责任归结到了思思妈妈的身上，认为是她以前太纵容孩子，导致孩子如此不服管教。

一次，思思又顶撞了奶奶。奶奶一气之下竟然打了孙女一个嘴巴。这件事情彻底触碰了思思的底线。思思将自己锁在屋子里，谁叫都不开门，也不去上学。一连几天都不肯和奶奶说一句话。为了思思能够恢复到以前乐观、开朗的状态，妈妈决定收回思思的教育权。奶奶见孩子在自己的管教下越变越糟，也就没有多说什么。

在这个故事中，在奶奶专制的教育方式下，思思已经产生了逆反心理，并且做出了很多逆反的举动：顶撞奶奶、把自己关在屋子里、不理奶奶、不去上学等等，都在表述着内心的不满。思思一改以前乐观、开朗、明理的性格，变得任性、自闭，这与奶奶不合理的教育方式有着直接的关系。

孩子在稍稍懂事的时候，就开始尝试着自己做决定，孩子们非常享受独立做决定的过程，不希望父母过度干涉他们。如果父母依然不肯放权，继续让孩子做自己手中的提线木偶，替孩子做决定，那必将造成很严重的后果：孩子们过度依赖父母，没有足够的判断和选择的能力。这样的孩子，即使顺利长大，也会非常不成熟，很难适应离开父母的生活。

同时，他们的逆反心理也很重，与父母的关系不会太融洽。因此，为了孩子的未来，父母们一定要学会多让孩子自己做决定。

4. 家庭会议使亲子沟通更高效

孩子需要父母的管教和约束才能更好地成长，但这并不表示父母有权利决定孩子的一切，像一个大独裁者，凡事一个人说了算，其他任何人都没有提出异议的权力。专制的父母习惯掌控孩子的一切，习惯威胁、恐吓孩子。当听到别人说："你家孩子真怕你，你说一他不敢说二"时，他们会觉得自己很了不起，很有权威。事实上，孩子怕你，并不是什么光彩的事情，更不能说明你有能力、有魄力，反倒说明你很无能。

管教约束孩子的目的不是为了让孩子无条件服从，更不是敢怒不敢言。亲子之间的沟通不是战争，非要哪方服了，而是讨论会，人人都有发言的权力，人人都有思考的自由。

现在很多开明的家庭都开始举行家庭会议，以公平、民主的方式决定家庭成员的大小事务。这种形式的交流，深受孩子们的喜爱，让孩子们情不自禁地爱上了亲子沟通。

萌萌今年上小学六年级了。为了能够更好地学习，她想住宿。于是，她拨通了妈妈的电话。

"妈妈，我想住宿。"萌萌说道。

"好的，我知道了，晚上我们一起开个家庭会议。"妈妈说道。

吃过晚饭后，萌萌一家三口围坐在餐桌旁边。妈妈说道："今天我们这个家庭会议讨论关于萌萌是否住宿的问题。萌萌，你来主持吧。"

萌萌点了点头，说道："我想住宿。原因有两点：一、住宿可以节省每天花费在上学路上的时间，利用这个时间，我可以做很多很多更有意义的事情；二、住宿能够提高午休的质量，可以躺在床上美美睡上一觉，不用趴在课桌上午休。好的，我说完了，下面请爸爸妈妈发表意见。”

爸爸接着说道：“我的建议是暂不住宿，原因只有一个，那就是在家里，你能得到更好的照顾，从饮食到其他各个方面。”

妈妈认真听取了爸爸和萌萌的想法，思考了一下，说道：“基于提高午休质量和家人更好的照顾，两个方面考虑，我的建议是，向学校申请一个床铺，但不住校。这样一来，萌萌既可以好好午休，又能得到家人很好的照顾。”

之后，萌萌和父母又都各自发表了一下意见，最后一致通过了妈妈的建议。

正如萌萌家，生活中越来越多的家庭形成了“家庭会议”的决策制度。在这个制度下，父母既不专制，孩子有自己的权利，又能一定程度上约束孩子，还不伤害孩子心理。那么，家庭会议的召开，到底有什么优势和需要注意的地方呢？

1. 让孩子成为家庭会议中的一员，让孩子清楚了解父母的所思所想。

父母与孩子之间的很多误会，都是因为沟通不到位造成了。导致孩子不能站在父母的角度上考虑问题，对父母产生很多的误会和不理解。举办家庭会议的目的在于营造接纳和归属感，鼓励开诚布公的交流，为家庭成员提供了很好的沟通交流平台和协同合作的机会，让孩子更多地了解父母的真实想法，从而有效消除对父母的误解，促进亲子沟通更加顺畅地进行。

2. 家庭会议可以让父母更多地了解孩子。

在家庭会议上，同样作为成员之一的孩子，感觉到了前所未有的平等，在没有了父母的约束的情况下，可以尽情地发表自己的观点。通过孩子畅谈自己的观点、意见和心中的不满，父母可以更彻底地了解孩子的真实想法，从而更准确地打开亲子沟通的大门，与孩子近距离交流。

3. 让孩子主持家庭会议锻炼孩子的各种素质。

让孩子负责主持家庭会议，可以充分锻炼孩子领导能力、语言表达能力、思维力等等多种能力。面对这样一个难得的好机会，家长们不应该浪费掉，应该充分利用起来，锻炼、培养孩子。

5. 给孩子提供足够的安全感

建议式沟通的另一个重要功能就是让孩子有足够的安全感。这种安全感的产生与父母和蔼、民主的沟通态度有着直接的关系。让孩子感觉到自己才是真正的决策者，有足够的权力做决定，而父母通常情况下，不会强行干涉，只以建议者的身份提出建议。因此，孩子们觉得自己和父母是平等的，父母并不可怕，从而在亲子沟通的过程中，可以心无顾虑地大胆表达。

小亮的妈妈对小亮管得非常严，从来不许亮亮吃零食。每次看到其他小朋友吃得美美的，亮亮馋得都快流口水了。于是，姥姥总是背着亮亮妈妈偷偷地给亮亮买零食吃。

有几次，看到亮亮吃着那些垃圾食品，亮亮妈妈对孩子发了火，责备亮亮不能约束自己。看着暴跳如雷的妈妈，亮亮吓坏了，当即表示不再吃零食了。之后，姥姥再给亮亮买零食，亮亮总是在楼下吃完，然后再回家，这样妈妈就发现不了了。

一次，亮亮从幼儿园回来，照例和妈妈拥抱了一下。眼尖的妈妈，一眼就看到了亮亮嘴巴的薯片碎屑，知道孩子刚刚一定又偷吃零食了。于是，妈妈板起脸，问道："亮亮，刚刚你是不是又偷吃零食了？"

"没有呀，我没有吃。"亮亮坚定回答道。

"什么？你竟然还学会撒谎了，这还得了。"妈妈更加生气了。说完，妈妈将亮亮狠狠地教训了一顿，从大吼大叫到心平气和地给孩子讲"不能说谎"的道理。孩子终究还是有点小，对于妈妈说的话，有些听不明白。到最后，是孩子不知道妈妈为什么发脾气，妈妈也不知道孩子到底有没有认识到错误。

这是一场很失败的亲子沟通。父母的沟通方式非常有问题，态度强硬，没有任何商量的余地，这种强势型的沟通方式，让孩子感觉很紧张、害怕，没有丝毫的安全感。在这种情况下，孩子敢说实话么？

其实，年幼的孩子是说不了太大的谎话的，通常情况下，只是因为害怕父母生气，自己受到惩罚，才说一点小谎话，父母们大可大事化小，不必太过认真。想要避免这种现象，父母需要调整与孩子沟通的方式，让孩子有足够的安全感，敢于表达自己的内心，这样一来，孩子的说谎小毛病自然会改正过来。

1. 孩子的小毛病要纠正，但无需上纲上线。

没有完美的人，自然也没有完美的孩子。孩子的身上难免存在着各种各样的缺点、毛病。面对这些不影响孩子性格发展的小毛病，家长们要先从自身的教育方式找原因，温和引导，一般情况下，问题不会太大，不要急着上纲上线，给孩子的品行定性。

2. 鼓励孩子说实话。

犯错误了，一想到如果实话告知父母可能要遭受惩罚。大多数孩子都会打退堂鼓。但是，如果孩子真的勇敢地向父母承认了错误。父母一定要先鼓励孩子说实话的行为，其次再考虑要不要惩罚孩子，这一点是非常重要的。纠正孩子的错误很重要，借此机会培养起孩子诚实的品行同样重要。

3. 尽可能地给孩子一个宽松的成长环境。

除了一些关乎孩子人身安全和法律法规的事情之外，家长完全可以放手，让孩子自行决断。这样的教育方式，给了孩子更宽松的成长环境，让孩子有足够的安全感，更愿意向父母敞开心扉。

6. 允许孩子指出父母的错误

五岁的琪琪因为吵着要零食对妈妈乱发脾气，妈妈决定好好和孩子谈谈。

“琪琪，就你最近的表现，我想和你好好谈谈。”妈妈一本正经儿地对孩子说道。

“妈妈，你说吧。”看到妈妈严肃的样子，琪琪也不敢太放肆。

“我是你的妈妈，给你生命和养育你的人，是你的长辈，你是不可以向刚才那样对妈妈乱发脾气的。”妈妈说道。

“可是，妈妈你为什么对你的妈妈乱发脾气呀。上一次，外婆不知道做错了什么事情，你对外婆大喊大叫，把外婆都气哭了。难道外婆不是你的长辈，不是给你生命和养育你的人么？”孩子的话，让妈妈顿时矮了一截儿。“是呀，如果孩子对自己发脾气是错的，那么自己也犯了同样的错误呀。”想到这，妈妈连忙说道：“你说得很对，妈妈也做错事情了。我们两个都做错事情了，你指出我的错误，我也指出你的错误，我们一起改正，好不好？”

孩子想了想，说道：“好吧，那你不对外婆乱发脾气，我就不对你乱发脾气了。”

生活中，父母是孩子学习的榜样，对孩子承担着教育和抚养的义务。但是，父母不是完人，也有犯错的时候。公平起见，孩子也可以指出父母的错误。正如故事中的琪琪妈妈，在孩子指出自己错误的时候，并没有恼羞成怒，而是虚心接受了孩子的批评。琪琪妈妈的做法是对的，孩子们有权利指出父母的错误。这原本也是生活中很平常的事情。

父母们，不要担心被孩子指出错误之后，丧失自己在孩子心目中的威信和做父母的尊严。只要父母们勇于承认错误，改正错误，那么孩子们是不会因此看不起自己的父母的。相反，孩子们会觉得父母很公平、知错就改，因而，更加尊重父母，并向父母学习，勇敢地改正错误。

1. 允许孩子指出自己的错误不是一件有损威信的事情。

勇敢地接受孩子的批评，才是正确树立威信的开始，才能赢得孩子真正的敬重。犯了错误并不可怕，可怕的是，父母们为了维护自己所谓的“形象”，对自己的错误遮遮掩掩。父母如此不光明磊落的行为，不平等的做法，才会真正有损自己在孩子心目中的形象。

2. 父母犯错，改了就好。

有些父母非常谨慎，在孩子面前一个错误也不犯。事实上，父母大可不必如此紧张，有的时候，父母犯的错误刚好可以用来教育孩子，让孩子引以为戒。因此，父母们不必太有压力，犯了错只要做出示范，积极改正，给孩子树立一个“知错就改”的榜样。

3．虚心接受孩子的批评。

孔子说：“三人行，必有我师”，父母是孩子的老师，孩子同样也是父母的老师。对于孩子的批评，父母要放下架子，虚心接受。这里为父母们提个建议：面对孩子的批评，父母要坚持做到：一认真听取；二深入反省；三立即改正。

4．真诚地道歉。

如果父母的错误伤害到了孩子，除了要虚心接受孩子的批评之外，还要主动向孩子道歉。道歉时要真诚，不能理直气壮的，要让孩子看到你有悔改之意。这样的道歉对于孩子而言，不仅仅是父母的悔悟，更是弥补心理伤害的良药。孩子们总是那么可爱，无论刚才哭得多么伤心，只要父母真诚道歉，立马又与父母和好如初。

5．当孩子指出自己的错误时，父母要向孩子道谢。

孩子指出错误的过程，就是在帮助父母。父母要真诚地对孩子说声“谢谢”，这表明了父母谦虚接受的态度，也是对孩子行为的认可和鼓励，有助于提高孩子的自信心和分辨是非的能力。

第十章　承诺式沟通

提升信任感，培养孩子的诚信精神——让沟通更有力度

信用是难得易失的，花费了几十年积累起来的信用，往往由于一时的言行而失掉。在亲子沟通的过程中，“诚信”可以让沟通更有力度，提高沟通的高效性。但是，父母们一定要注意：言而有信，不要一时失言，让自己成为没有信用的父母。

1. 留意自己日常说过的话

现在很多家庭教育中普遍存在着一个问题，那就是父母随便许诺，之后又不信守承诺。也许，很多家长并不认可这个说法，认为只要自己正式向孩子许下的诺言，一般情况都会守诺。的确如此，父母们只记住信守正式的诺言，却忘记那些随随便便说过的话。也许正是因为随口一说，所以并没有放在心上，可是，孩子却不这样想，在他们看来，都是父母曾经说过的话，都应该算数。

信用是难得易失的，很多时候，父母花了很大的力气树立起来的信用，往往就是因为那些随口而出的话而失掉。在亲子沟通的过程中，“诚信”可以让沟通更有力度，提高沟通的高效性。但是，父母们一定要留意自己日常说过的话，不要一时失言，让自己成为没有信用的父母。

周末，外婆带着亮亮去公园里游玩。春暖花开的季节，公园里百花齐放，吸引了许多漂亮的蝴蝶。亮亮和其他的几个小朋友自发玩起来捉蝴蝶的游戏。孩子们你追我赶，玩得不亦乐乎。

眼看到了吃午饭的时间，外婆赶忙招呼亮亮回家。亮亮还没有玩够，撅个小嘴说什么也不肯回家。为了能够哄着亮亮回家，外婆对亮亮说道：“亮亮听话，现在和外婆回家，外婆给你买一个大玩具。”

“玩具，那可是我的最爱。”亮亮立刻答应和外婆回家。

路过玩具店的时候，亮亮提醒外婆：“外婆，玩具店到了，我们去买玩具吧。”

外婆支支吾吾地说道：“亮亮呀，是这样的，这家玩具店里的玩具太贵了，咱们可以去网上看看，一样的玩具，网上会便宜好多的。”

“那好吧，回到家里我们去网上买吧。”孩子尽管有些失望，但还是很通情达理的。

回到家里之后，玩了一上午的亮亮很快就忘记了买玩具的事情。外婆原本也没有打算给亮亮买玩具，只是为了哄他回家，随口一说。因此，外婆也没有提起这件事情。

一连过了几天，忽然有一天，亮亮指着外婆大声说道："外婆骗人，说要给我买玩具，却说话不算话。我以后再也不相信外婆说的话了。"

一旁的妈妈听到之后，问清缘由，赶忙说道："亮亮你误会外婆了，外婆没有说话不算话，只是年纪大了，爱忘事情，她不是故意的，你记忆力好，应该提醒外婆呀。"

亮亮觉得妈妈说的有道理，于是原谅了外婆。接着，妈妈陪着亮亮一起挑了一件心仪的玩具。

这个故事告诉我们，对孩子说话一定要兑现，不能哄骗孩子。生活中，有很多家长，如亮亮姥姥一样，为了哄得孩子听话，就随口承诺，之后再找各种理由拒绝履行诺言。许了诺又不兑现，这种行为不仅会让孩子们失去对父母的信任，甚至还会引导孩子走向没有诚信、没有责任感的极端。

研究表明，孩子没有足够的思考和判断能力，却有极强的模仿能力。孩子身上的很多行为习惯和思想都来自对父母的模仿。如果，父母在这个过程中，不注意言行，随口许诺，哄骗孩子，孩子就不会相信自己的父母。同时，父母不诚信的习惯也会深深影响孩子，导致孩子长大以后成为一个没有信用的人。

事实上，很多父母并不是真的想要不守承诺，只是很多诺言带有很大的盲目性、应付性、随机性，甚至欺骗性。这些诺言没有真正留存在父母的心中。时过境迁，一转身就忘记了。这种行为一定要杜绝，父母们不管怎样都不能给孩子留下不守信用的印象，这就要求父母们必须做到以下两点：

1. 答应孩子的事情一定要做到。

不管是何种场合、出于何种目的，只要是父母对孩子说过的话一定要算数，一定要实现。如果，父母因为一时冲动说了一个根本无法实现的话，那么也一定要如实告知孩子，并与孩子协商更换要求，来弥补对孩子造成的伤害。这样做的目的，只是为了让孩子日后想起这件事情来，无话可说。

2. 说话时要谨慎，做不到的事情或是不会去做的事情，千万不要答应。

很多家长经不住孩子的哭闹、哀求，应付性地暂时答应了孩子的请求，而心里并没有打算兑现。家长们的这种做法是错误的。不管因为什么原因，只要自己做不到或是根本不去做的事情，无论孩子怎么胡闹、哀求，家长都不可以答应，不能欺骗、应付孩子。

2. 标准要始终如一，不能朝令夕改

对于亲子间的沟通，很多家长都意识到了它的重要性，问题的关键在于沟通的方式和技巧。有些父母非常重视和孩子间的沟通，但是没有什么技巧和好的方式，导致沟通了还不如不沟通，反倒是让孩子有些不知所措。

小光今天四岁了，开始有自己的小主意了，动不动就和父母沟通，表达自己的想法。考虑到孩子处于培养好习惯的关键时期。妈妈规定小光晚上九点必须上床睡觉的标准，要求小光必须执行。

刚开始，小光非常不适应，因为之前一直很晚才睡。为了纠正小光晚睡的坏习惯，妈妈每次都强行将小光抱到床上去，硬按着睡觉。孩子又哭又闹。爸爸有些心疼，说道："让他再玩一会儿吧，孩子中午睡的时间长。"

"那可不行，规定就是规定，定好的规定不遵守那还叫规定呀。"妈妈坚定地说道。

终于在妈妈的帮助下，小光的作息习惯开始改变了，每天到了九点就开始犯困，躺在床上没一会儿就睡着了。

又过了几天，小光妈妈带着他去同事家做客。二人聊得非常尽兴，一直聊到晚上九点，妈妈还没有要走的意思。小光坐在沙发上，手里拿

着一本漫画书，不住地打瞌睡。

“妈妈，我困了，我想回家。”小光说道。

“你先玩一会儿，实在不行就看看动画片吧，妈妈和阿姨还有事情谈。”妈妈说道。

又过了一会儿，小光又说道：“妈妈，我想回家，我不想看动画片了。”

妈妈有些不耐烦，“你这个孩子怎么回事呀，平时不让你看你非要看，今天让你看你又不看了。再等会儿！”

小光有些迷糊了，心想：“平时到了九点不想睡觉是错的，今天到了九点想去睡觉怎么也是错的呢？”

故事中小光的疑惑是情有可原的。孩子的对错观非常明确，面对妈妈提出的九点睡觉的规则，小光认为必须执行，不执行就是错的。可是，当妈妈为了多和同事聊会儿而破坏规则时，小光企图遵守规则又成了错的。母亲的复杂、多变的对错观，孩子根本理解不了。故事中的妈妈给孩子留下了一个“规则不如一，随着可以更改”的印象。规则失去了应有的权威，就不足以约束孩子的言行。特别是违反规则的人竟然是制定规则的人。小光对妈妈的诚信表现出了深深地怀疑。

现实生活中，父母们在约束孩子的过程中一定要保持标准始终如一，不能朝令夕改。也就是说，父母在与孩子沟通时，不要随意更改以往对孩子的要求，这样一来，孩子就会加深对父母的信任，从而获得更多的动力。那么，父母们怎样保持标准始终如一，不朝令夕改呢？

首先，父母要保持稳定的态度。

父母今天很高兴，于是对孩子百般纵容，由着孩子的性子来，也不管什么所谓的规则、要求了；父母今天不高兴了，对孩子也是千挑万挑，鸡蛋里挑骨头，做什么都看不顺眼，都是错的。这样不稳定的态度，怎么能够成为维持标准始终如一的执行者呢？因此，父母要保证标准的始终如一，首先要调整好自身的心态。

其次，父母要带头遵守规则。

通常情况下，给孩子制定规则的人就是父母。作为规则的制定者，一定要带头维护规则的权威性，不能随便违反规则。

最后，制定规则时，要考虑周全。

把一些可能会发生的特殊情况都考虑进去，做好应对制度，避免在实施的过程中，出现实际情况与规则冲突的情况，让父母和孩子陷入两难境地，这样的规则才更严谨、更实用。

3. 相信孩子能兑现他的诺言

情节一：

“悠悠，到时间了。”妈妈提醒道。

“妈妈，我再看一会儿，就一会儿。”悠悠哀求道。

“悠悠要讲信用呀，咱们之前说好的，就看一集的。你忘了妈妈给你讲的话了。看电视时间长了会伤害眼睛。”妈妈耐心地说道。

“好妈妈，我再看五分钟，我把这个故事看完就可以了。”悠悠说道。

妈妈答应了。五分钟后，悠悠尽管有些不情愿，但还是关上了电视机。

情节二：

“悠悠要吃蔬菜呀，我们不是讲好了么，不挑食了。”妈妈说道。

“妈妈我不想吃了，不饿了。”悠悠说道，显然是因为不愿吃蔬菜的缘故。

“这样吧，悠悠，妈妈帮你把菜菜切碎点，你就更容易吃掉了，好不好？”妈妈问道。

尽管还是不太感兴趣，依然勉强答应了。就这样，悠悠多多少少吃了一点蔬菜。

情节三：

“妈妈，我保证以后再也不要玩具了。”悠悠说道。

妈妈刚想说：“你的话还能信嘛。”话到嘴边，又被咽下去了。只听妈妈说道：“好的，妈妈相信你一定会信守承诺的。”

生活中，大多数孩子都不会遵守承诺。他们今天承诺的事情，可能明天就忘记了，依旧会我行我素，不做丝毫的改变。尽管孩子不遵守承诺，经常说到做不到，但是，作为孩子的父母，我们必须要相信孩子能够兑现他的承诺。

孩子们之所以说到做不到，是因为他们还没有意识到诚信的重要性，还没有建立起强烈的责任心。他们还不能将诚信和责任与人格联系起来。他们想不了这么复杂的事情。随着孩子的成长，这些能力会渐渐培养起来。在这个过程中，父母必须给孩子们鼓励和正向引导，不能做负面暗示，如：你不讲信用、说话不算数、你的话不可信、你爱骗人等等，这些语言绝对不能对孩子说。因为，说的次数多了，孩子们也会这样给自己定格。如此一来，原本不是什么大问题，倒真成了大问题。

那么，父母在相信孩子能够兑现承诺的方面需要注意哪些呢？

1．在孩子做出承诺时，立即表示相信孩子。

正如故事中的妈妈，在孩子做出承诺时，表示对孩子能够兑现承诺的信任。这种信任有助于培养孩子的诚信，提高孩子的责任心。试想，如果孩子做出承诺，父母表示不信任，那将是怎么的情景呢？孩子的自尊心、自信心都受到很大的打击，从而对自己是否有能力兑现承诺表示怀疑。这样的结局一定不是我们想要看到的结局。

2．在孩子兑现承诺的过程中，支持孩子。

孩子终究是孩子，肯付出行动兑现承诺，这本身就是好的表现。不要对孩子要求过高，会打击孩子的积极性的。当孩子遇到困难时，父母要适度伸出援助之手，帮帮孩子，给孩子一个较为轻松的开端，给孩子足够的勇气和信心，之后在循序渐进。

3．当孩子违背承诺时，耐心引导。

孩子可能会经常违背承诺，对此父母要耐心引导，不能放任不管。任何能力和品质的培养都是需要时间和过程的，孩子的诚信也是如此，只有从小加以正确的引导和培养，才能逐渐养成兑现承诺的习惯。如果放任孩子说话不算话的行为，久而久之，孩子永远也不知诚信的真正意义。

在父母引导孩子兑现承诺的过程中，不要以打击、逼迫、暴力、威胁的形式引导孩子，而是采用多鼓励的形式。让孩子感受到父母的信任，才是对孩子最好的鼓励和引导方式。

4. 不要给孩子开空头支票

所谓“空头支票”，就是指家长为了哄骗孩子去做某件事情，以另一件孩子感兴趣的事情和食物作为诱惑，其中令孩子感兴趣的“诱饵”就是空头支票。空头支票，只是父母许下的一个不会兑现的承诺。

面对空头支票，孩子们经不住诱惑，一次又一次上当，相信了父母。结果，孩子们一次又一次的失望，最终导致孩子心理失衡，对父母失去了信任，对他人也失去了信任感。这样的孩子，因为缺乏对他人的信任感，而变得多疑、敏感，无论在人际关系上，还是家庭生活中，都不能很好地与他人交往。

平平今年三岁了，是典型的留守儿童。父母全都外出打工，她自小和奶奶生活在一起。随着孩子年龄的增长，对父母的陪伴越来越渴望。每次父母回到家之后，平平都不希望爸爸妈妈再离开自己。平平的爸爸妈妈也感受到了孩子的变化，但生计所迫，他们不得不狠下心肠一次又一次地抛下年幼的孩子。

也许是为了让平平心里好过一些，一次平平拉着妈妈的包不肯放手时，妈妈对平平说：“好孩子，妈妈去城市里给你买大飞机去。等爸爸妈妈回来时肯定会给你带回来的。”

听着妈妈的话，孩子终于松开手了。从此，孩子一天一天地盼着父母回家。终于，春节到了，爸爸妈妈回来了，平平高兴极了。可是，当平平向妈妈要之前答应的大飞机时，妈妈傻眼了。那只是为了哄孩子放手，随口说的，没想到孩子竟然惦记了这么长时间。妈妈觉得有些对不住孩子。于是，她承诺过几天一定给平平买件漂亮的衣服。

平平平静地看着妈妈，脸上没有任何表情。从那以后，平平变了，和爸爸妈妈不象以前那么亲热了。妈妈以为孩子还在生气，一两天就过去了。后来，爸爸妈妈进城办年货时，顺便给平平买了一件特别漂亮的衣服。

妈妈将衣服递给平平时，说道："平平。你看妈妈没有骗你吧。"

平平默默地接过衣服，走进自己的房间。家人还以为孩子自己去试衣服了，还静静地等着看衣服上身的效果。可是，过了好长时间，平平都没有出来。妈妈推开房门，走进一看，不禁愣在原地，眼前的一幕，让家里所有的人都浑身发冷。平平竟然将妈妈买的新衣服用剪刀剪成了一条一条的。看着孩子充满寒意的目光，妈妈忍不住哭了起来。

孩子是单纯无邪的，他们愿意相信别人，特别是自己的父母。孩子与父母之间确确实实存在着天性。这种天性，让孩子对父母有着很深很深的信任感。特别是，当父母给孩子的许诺，深入孩子的心灵，孩子日日期盼。一朝落空之后，孩子的心理落差可想而知，因此产生的心理失衡也是在所难免的。

从上面的案例可知，平平面对期盼了很久的"空头支票"，心态发生了很大的变化。通过平平那充满寒意的目光不难推断出孩子内心的伤痛有多严重。这种伤痛恐怕父母花费一生之力也无法再弥合了。

将心比心，换位思考一下，如果我们被身边最亲近的人欺骗、玩弄之后，内心是一种什么样的感受。孩子也是如此，尽管孩子不能很好地表达出自己的内心感受，但这并不代表父母们可以忽视孩子的感受。不要让任何事情和理由成为父母对孩子开出"空头支票"的借口。请不要让事例中平平曾经承受过的伤痛在我们的孩子身上重演。

5. 和孩子做约定

"妈妈，我不想学习了，我累了……"、"妈妈，我想放弃，坚持不下去了……"、"妈妈，我觉得自己没有希望了……"当孩子向自己的父母诉说着类似这样的话时，父母的心难免会默默疼痛。是的，心疼了，天下没有不心疼孩子的父母。但是，父母的心疼不能成为鼓励孩子撤出的理由。为了孩子的明天，父母们必须鼓励孩子，给孩子打气。

给孩子打气、鼓劲儿的方式有很多。其中“和孩子做约定”这种方式，是最有力度的一种。在和孩子沟通的过程中，父母一定会发现，和孩子有个约定更能激发孩子的斗志。

婷婷今年初三了，到了复习的关键时期。强大学习压力，让婷婷有些吃不消。

“爸爸妈妈，我觉得前程好迷茫呀，每天都想好好学习，可是越是这样想学习效率就越低，我快要崩溃了，感觉自己考不上好高中了。”婷婷有气无力地说道。

妈妈听到孩子的话，眼圈都红了。她悄悄转过身去，擦拭眼角的泪花。

爸爸则比妈妈坚强很多，听着女儿的心里话，竟然笑了起来，“傻丫头，怎么会崩溃呢，这点小困难就把你难倒了？这样吧，爸爸现在正准备期末考试，我们两个做个约定吧，一起努力学习，到最后你顺利升入高中，我顺利通过考试，怎么样？”

听着爸爸的建议，婷婷顿时来了精神，“好吧，这样一来，在奋斗的路上，我有爸爸陪伴了。”

想来也是神奇，自从婷婷和爸爸达成这个约定之后，父女二人就像成了同学一样，晚上坐在一张桌上学习，早上一起起床，发愤图强，所有的付出都是两个人同步进行的。爸爸和婷婷之间没有过多的交流，除了协商学习计划。而婷婷也不再脆弱，每天都精神饱满地展开一天的学习计划。

时间过得好快呀，一眨眼儿爸爸和婷婷都顺利通过了考试。婷婷如愿以偿地考入了重点高中。回想起父女二人一起奋斗过的经历，爸爸和婷婷总会忍不住笑，用婷婷的话讲“从今以后，我和爸爸就是共患难过的战友了。我们之间有袍泽之情。”

通过这个事例，不难看出：很多时候，孩子们缺少的只是一个同行者。有了同行者的陪伴，孩子会变得勇敢、坚强起来。因为，他们发现原来自己不再是一个人奋斗了，这就是约定的力量。

亲子沟通的过程中，约定的力量也是不容忽视的。当父母与孩子之间有了约定，亲子间的关系就会被拉近一大截儿。在孩子的心中，父母不再是那个高高在上的家长，而是和自己有约定，共同前行的同伴、战友。这层关系，会让亲子间的沟通更彻底、更高效。

1. 因为有约定，所以孩子视父母为自己人。

这种感觉就如有了共同信仰的战友之间的感情。面对困难，你们是一个共同的整体。所以，孩子会将父母视为自己人，愿意让父母参与到自己奋斗的过程中，提出建议，提供帮助。有了这种情感基础，亲子间的沟通则会更上一层楼。

2. 因为有约定，孩子更有安全感。

人，是典型的群居动物。当独自一个人面对困难时，难免觉得无助，如果身边站着一个同伴，则情况就不一样，会觉得不再害怕、心里也不再胡思乱想了。亲子间的约定沟通就能产生这个效果，能让孩子感到安全，不再无助。

3. 因为有约定，孩子更有目标感。

强烈、明确的目标可以激发孩子的斗志和激情，让孩子摆脱萎靡不振，将自己最好的状态调整出来，从而达到激励孩子的目的。在亲子沟通中，帮孩子建立目标感，激发孩子的内在潜能量，是父母沟通的主要目的。面对带给自己更多动力和激情的父母，孩子们也会更愿意主动交流。

第十一章　非语言式沟通

不要忽视肢体动作和表情的交流
——“无言”恰恰是内容最丰富的沟通

美国著名语言学家艾伯特·梅瑞宾发现，人与人之间的沟通，93%是通过非语言的沟通方式进行的，只有7%是通过语言完成的。因此，他提出了著名的沟通公式：沟通的效果=7%的语言+93%的非语言。所以，父母们在与孩子之间的沟通中，一定不要忽视非语言的沟通法。

1. 递给孩子爱的笑容

有人说："笑容是不用翻译的语言。"的确如此。当我们身边的人对我们微笑时，我们会不由自主地对他微笑。这种"无言"的交流，充满了友好、善良和礼貌。经常采用这种交流方式，无论是孩子还是成年人的人际关系都会越来越好。因此，在家庭教育中，父母如果经常传递给孩子笑容，孩子自然能够感受到父母的关爱。同时，孩子也会模仿父母，向身边的人传递笑容。

浩浩出生在一个幸福的家庭里。浩浩的父母都属于乐天派，无论遇到什么事情，总是面带笑容。浩浩出生后，父母商量着怎样教育孩子。他们并不要求孩子长大后要飞黄腾达，他们只希望孩子能够高高兴兴、平平安安地生活。

记得浩浩三岁那年，和父母一起回到农村老家。老家的院子里有一口盛水用的大缸。浩浩一进院子就被这口大缸深深吸引住了。他围着大缸左看右看，研究了好久。家人见孩子一个人玩的不错，渐渐地放松了警惕。也不知道浩浩用了什么办法，竟然爬上了缸沿。缸里装了满满一缸水。只听"噗通"一声，家人们再回头找浩浩，找不到人了。爸爸妈妈和爷爷奶奶连忙将孩子从缸里捞了出来。看着全身湿透、惊魂未定的孩子，爸爸妈妈并没有板着脸训斥孩子，而是微笑着安慰孩子，"没事了，没事了。"一旁的爷爷奶奶倒是一脸严肃，显然是吓坏了。

等到孩子的情绪渐渐缓和一些，爸爸妈妈才开始给孩子分析他刚才那种行为的危险性。孩子已经有了亲身体验，自然对父母的话感触颇深。从那以后，无论是缸沿还是水井边、河边，浩浩都会远远地躲开。

浩浩父亲曾说："微笑应该贯穿于整个亲子沟通过程"。的确如此，微笑应该成为亲子沟通中的主要旋律。因为只要有微笑，家庭就是和谐美好的，成员之间就是轻松愉快的，成员的心理就是乐观向上的。微笑的力量不仅能够促进人与人之间的关系，还有利于自身的身体健康。众所周知，不爱生气的人，健康指数普遍偏高。人生漫漫数十年，难免会有一些磕磕绊绊，当人们处于困难之中，如果能够多多微笑，内心就会变得亮堂起来。心情好了，自然身体就会好。

所以，父母在和孩子沟通的过程中，要尽可能地微笑，让笑容包围着孩子的生命。孩子们感受到父母带来的轻松和愉快，心情会变得更加轻松和愉快。这样的沟通氛围才是父母和孩子真正期待的。

1. 微笑传递温暖。

家庭是温暖的港湾。家庭成员之间应该相信爱护、互相支持，这样的家庭氛围主要由父母营造。试想，当孩子推开家门的一瞬间，看到的是父母和蔼可亲的笑容，孩子的心情将是怎么的。他们会感到很温暖、很轻松、愿意回到这个家，愿意见到自己的父母，当然也愿意和父母交流些什么。由此可见，笑容能够传递温暖和愉快。

2. 微笑传递鼓励。

当孩子受挫时，心情沮丧之际，是父母的笑容，让他们意识到：爸爸妈妈是相信我的。是的，这种感觉相信很多孩子都曾经有过。没有太多的豪言壮语、轻声细语，只有父母憨厚的笑容，却胜过很多很多话，在孩子的心中化作一股暖流，流遍全身，让孩子有了战胜一切困难的勇气和力量。

3. 微笑传递着宽容。

孩子做了错事，身边的都疏远他了，可是父母一定还在原地，微笑着注视他。父母的微笑传递给孩子一个宽容的信息：孩子，爸爸妈妈不嫌弃你，相信你可以改好，你在我们的眼中永远是最好的孩子。

这就是父母的微笑，向孩子传递着太多太多的信息。让孩子如沐浴阳光一样温暖、轻松，充满了安全感。

2. 抚摸，也是一种沟通

两三岁的孩子总是不让人省心，动不动就摔倒了。今天把膝盖摔破了，明天把胳膊磕破了，后天又不知道会有什么伤。有些父母看到孩子摔在地上，又心疼又生气，气急败坏地把孩子拽起来，嘴里还要骂上一句：“该，一点话也不听，说领着走，偏不让领。”孩子闻听，哭得更厉害了。最终，父母还是心软了，蹲在地上，检查孩子有没有摔伤。“好了好了，不哭了，看看摔哪里了，妈妈帮你揉揉。”在孩子手指的地方，父母轻轻地抚摸着孩子。说来也是奇怪，好像父母的手带有魔力一样，能减轻孩子的疼痛感。孩子的哭声渐渐小了，最后孩子依偎在父母的怀里，安静地享受着父母的爱。

这是生活中经常见到的一幕，每次见到总是觉得心里暖暖的。是的，抚摸也是一种沟通。

事实上，当孩子依偎在父母怀中时，不是因为感觉冷，而是因为想要通过这种身体上的接触，感受到父母的爱。摔倒的孩子之所以在父母的抚摸中停止了哭声，就是因为他们得到自己想要的爱。感受到了被关爱后，他们的内心得到了满足，疼痛感自然减轻了许多。

记得一位上了小学的小女孩曾经说：“我的爸爸不喜欢我。”我很好奇，问道：“你为什么觉得爸爸不喜欢你呢？”“因为爸爸从来都没有抱过我。”小女孩说道，“记得有一次，爸爸出差去了好久。回来之后，我立即扑向爸爸的怀抱。可是，爸爸竟然冷漠地躲开了。通过这件事，我更加确定爸爸不喜欢我了。”

“那觉得妈妈喜欢你么？”我接着问道。

“嗯，妈妈喜欢我。她总是抱我，每次我从外面玩耍回来或是上学回来，妈妈总是过来抱我一下，再轻轻地亲亲我的脸。我觉得妈妈最好了，我也最喜欢妈妈。”

看着孩子脸上洋溢着的幸福，我仿佛看到了孩子妈妈那浓浓的母爱。是的，抚摸也是一种沟通。

对！抚摸的确是一种沟通。亲子间的沟通不要该只是语言上的沟通，还应有肢体上的沟通。孩子们不仅仅需要父母的严格管教，更需要父母们的关爱。他们还很小，心灵脆弱得就像一块软软的奶油布丁。父母就是应该把大量的爱给孩子，让孩子们在爱的世界里健康快乐地成长。

1. 没有“抚摸”的教育，是残缺的教育。

“为了孩子的未来，我们要做严厉的父母。”夫妻两个狠心做了这样的决定，认为只要他们足够严厉，孩子的未来定是一片光明。怎么可能呢？太过严苛的父母，会让孩子感觉不到足够的爱。缺少爱的孩子，心理是不健康的，他们缺乏安全感，内心非常脆弱、敏感，性格孤僻，待人冷漠……随着年龄的增长，他们很难被社会接受。

这样的教育是非常失败的教育。作为父母，我们如果没有把孩子培养成一名成功人士，至少我们应该培养出一个性格健全的普通人吧。因此，父母们，请不要吝啬给孩子的爱，伸出你们的双手，轻轻抚摸孩子，让孩子感受到足够的爱吧。

2. 抚摸让亲子沟通更顺畅。

父母经常抚摸孩子，孩子能够感受到父母的温情，从而使亲子关系更加亲密。当父母发出想要与沟通的信号时，孩子们即使再忙，也不忍心拒绝父母，他们不愿意伤父母的心。从这个角度来讲，抚摸促进了亲子间的沟通，加深了亲子间的感情。站在父母的角度上，经常抚摸孩子，可以充分释放心中对孩子的爱，有助于增加父母对孩子的耐心和提高父母的自我控制力，减少父母的负面情绪对孩子的影响。

3. 手拉手，心连心

新学期开始了，阳阳看了看周围的同学，心想：“哎，一个也不认识呀。”这时，班主任王老师走了进来，“同学们，大家好，新学期开始了。我们相遇在这里，在接下来的一年时间里，大家要互相帮助，互相关心，共同进步。”

“老师，我们谁也不认识谁，怎么相互帮助、互相进步呀。”一个调皮一些的学生说道。

“是的，同学们都还不熟悉呢。下面我们一起做的游戏，大家看一看身边的同桌，伸出你们的小手，手拉起手。”老师边说边示范着。同学们学着老师的样子，和身边的同学手拉起手。刚开始，同学们还都有些不好意思，一个个笑脸红通通的。接着没过多久，孩子们之间开始熟络起来，不像刚才那样陌生，有距离感了。

“好的同学们，接下来我们和身后的同学手拉手。”老师说道。于是，同学们又开始和身后的同学熟悉起来。随后是前面的同学，左边右边的同学，之后是任何一个还没有拉过手的同学。一堂课四十五分钟，同学们行走在各个不熟悉的同学之间，相互拉手。从陌生到熟悉的过程，原来竟然如此容易，只需拉拉手就解决了。

众所周知，手是人类用来触摸食物、触摸世界的主要器官之一。但大家还忽略了一点，手还是沟通的重要工具。当父母与孩子手拉手的时候，孩子们感受到的是安全、温暖、爱护、鼓舞等等。其效果丝毫不亚于华丽的语言，甚至比干巴巴的语言更能直击孩子的心灵。

手拉手，心连心。拉手作为一种肢体语言，虽然无声，却蕴含了很多含义。因此，父母们一定要学会运用它，发挥它的力量，促进亲子间的高效沟通。

1. 通过拉手，孩子感受到了父母的鼓励和支持。

父母的大手宽厚又有力量，给了孩子足够的安全感。它们就像孩子的拐杖，帮衬着孩子的成长。当孩子的小手还不能支撑自己时，是父母那双大手为孩子撑起了一片天空。有了父母的支持和鼓励，孩子们才会变得越来越勇敢、坚强。

比如：小刚刚刚接触溜滑梯时，内心非常害怕，担心自己会摔下去受伤。是妈妈的手给了他尝试的勇气和力量，妈妈手拉这手，陪着小刚一同溜滑梯。从此以后，小刚再也不怕溜滑梯了。

2. 通过拉手，孩子感受到了父母的认可和尊重。

父母与孩子在人格上是平等的，是两个独立的个体。但在情感上，他们又是相互依赖的。因此，父母的每个动作都应该表现出对孩子的尊重和认可。如此一来，孩子们才能感受到父母对自己的认可，才更愿意与父母多沟通。

比如：亲子间合作时，父母伸出手，对孩子说：“来我们拉一下手吧，在接下来的合作中，我们共同努力。”这时，拉手的动作，让孩子感受到了被尊重，他们在这一刻是独立的，不是父母的私有物品。这意味着他们也将为这次的合作付出自己的力量。

3. 通过拉手，孩子感受到了父母的关爱。

每个孩子都渴望得到父母的爱，希望和父母多亲近。在成人眼中微不足道的拉手对孩子而言却非常重要。孩子的心非常简单，他们认为拉手就代表着喜欢。因此，父母可以通过拉手这个小动作，让孩子感受到了父母对他们的关爱。

4. 抱抱宝贝，心领神会

教育学家孙晓云说：“没有被父母拥抱过的孩子都是有问题的。孩子需要我们的拥抱、抚摸，这有利于心理的健康发展。我建议，孩子让你拥抱，能抱多大就抱多大。”的确如此，父母经常抱抱孩子，有利于孩子的身心健康。

对此，心理学研究表明，在孩子刚出生时，在孩子的心理上并没有认识到还有一个外部世界，他们只是生活在自己的心理世界里，类似于一种自闭。之后的很长一段时间里，孩子需要完成的任务就是从对自我的依赖转向对父母及其他人的依赖。如果在这段时间里，父母表现得对孩子疏于照顾、冷漠，经常让孩子出于饥饿、寒冷、口渴的状态下，那么孩子是不能很好地信任他人、依赖他人，就会出现心理发展滞后，甚至心理出现严重缺陷的情况。

心理学家哈洛等人曾经做过这样一个实验：

他们为一只刚刚出生的小猴子做了两个猴妈妈：一个是用铁丝编成的猴子，身上挂着奶瓶；另一个是用海绵和长绒布缝制成的猴子，抚摸起来，感觉软软的，很舒服，但是身上没有奶瓶。这两个猴妈妈，各有各的功能，各有各的缺陷。铁丝编成的猴妈妈，虽然摸起来硬邦邦的，也没有温度，但是却有小猴子急需的乳汁。而另一只软绵绵的猴妈妈，虽然摸起来很舒服，却没有乳汁。

把两个猴妈妈放进小猴子的笼子里，奇怪的现象出现了。小猴子饿时，就会跑到铁猴子妈妈那里喝奶，一旦吃饱就会立即离开，一刻不多停留。而虽然布猴子妈妈那里没有奶，小猴子却总是依偎在这个妈妈的怀抱里，感受着母亲的关怀和温暖。甚至当小猴子在外面淘气顽皮时，忽然受到惊吓，它也会立即跑回布猴子妈妈的身边，跳进妈妈的怀抱里，而惊恐不定的情绪也会渐渐平复。如果，工作人员将布猴子妈妈拿开，只留下可以哺乳小猴子的铁猴子妈妈，情况就不一样了。当小猴子受到惊吓后，它会因为恐慌上蹿下跳，吱吱乱叫，但无论怎样，也不会去找铁猴子妈妈。

由此可见，小猴子对猴妈妈的依赖，不是因为猴妈妈可以哺乳，而是因为妈妈能够带给它安全感和爱，这些感觉则需要父母们用拥抱、抚摸、亲吻等等肢体动作表达出来，特别是拥抱。孩子在母亲温暖的怀抱里，就如同在母亲的身体里，感受到的是无限的母爱和安全感。

所以，对孩子的照顾和教育，仅仅有华丽的语言是不够的，孩子们还需要父母的拥抱、抚摸、亲吻等等。也就是说，孩子们需要父母的爱和接纳。在父母拥抱下长大的孩子，才能与父母和他人建立良好的沟通，才能形成健康的性格。这种拥抱，父母能抱多久就抱多久，孩子们永远都会喜欢的。

拥抱是无声的语言，父母对孩子的拥抱，就是通过身体的接触让孩子感受到血脉相连的情感，从而获得很多无形的力量，比如：

1. 拥抱可以让孩子感觉到安全。

孩子们在成长的过程中，会遇到一些让他感觉害怕的事情。无论多大的孩子，只要父母在场，当他们感觉害怕的时候都会做出一样的本能反应——寻找父母的庇护。这时，如果父母能张开双手，给孩子一个拥抱，孩子们一定会感觉到安全，从而缓解恐惧的情绪。

2. 拥抱可以安慰孩子。

在成长的过程中，无论是孩子沮丧，还是无助的时候，父母的拥抱都可以给孩子最完美的心灵安慰，让孩子那颗正在经受痛苦的心知道：父母是爱他们的，是可以为他们做任何事情的。

3. 拥抱可以鼓励孩子。

孩子的成长过程，伴随着父母的鼓励和支持。当孩子需要父母的鼓励时，给孩子一个拥抱，会让孩子感受到鼓励的力量。孩子需要爱，尤其是父母的爱。因为孩子对父母特殊的依赖心理，所以，孩子更希望得到父母的鼓励。有些时候，再华丽的语言也会显得苍白无力，而一个拥抱，却能让孩子从中体会到父母无尽的爱。

5. 拍拍你的肩膀

一个叫程志的不良少年，经常遭受酒鬼父亲的毒打。自小，程志家就是全村里最穷的人家，母亲因为忍受不了父亲酗酒的恶习，所以在程志很小的时候就离开了。俗话说：“人穷志短，马瘦毛长。”村里的很多人都瞧不起他们。压抑的生活，让父亲变得越来越暴躁，动不动就拿程志出气。这一天，程志又被父亲暴打了一顿，他哭着离开了家门，一个人坐在村头的石墩上哭泣。

不知何时，一个满头白发的老人悄悄地坐在了程志的旁边。长时间积压的委屈，程志也不管认不认识对方，就一股脑儿地倾诉起来。老头微笑着静静地倾听着。说到伤心处时，程志忍不住痛哭。这时，老头总会 拍拍程志的肩膀。说来也是奇怪，整个过程，老头没有任何的话，可却深深地触动了程志的心。他喜欢老头拍拍自己的肩膀。这个不起眼的动作，让他感觉到温暖和莫名的鼓励。在那一天，程志知道了，在这个世界里还有一个关心他、支持他的老人。

从此，程志一改从前的恶习，不再逃学、不再和同学打架、不再自怨自艾、不再仇恨父亲……无论环境多么糟糕，他总是面对笑容地默默努力着。他认真上学、团结同学、尊重每一个人。没过多长时间，村里人发现：这个从前不学无术的二赖子的孩子，竟然成了谦虚有礼的高材生。平时大大小小的考试，程志总是稳居第一名。程志的变化，让终日浑浑噩噩的父亲也看到了希望。父亲不再酗酒要钱，当大家像从前一样招呼他喝酒时，他总是高兴地说道："不去了，我儿子有出息，我得给孩子攒学费，将来供他上大学。"最终，程志通过自己的努力，以全省第一名的成绩考入了清华大学，震惊了村里所有人，包括曾经瞧不起他们的那些人。接到通知书的那一天，父亲落泪了，他觉得对不起孩子，为孩子做得太少了。程志却很平静，他像以前一样，独自一人来到村头的石墩坐下，回想着老头当年就是在这里拍着自己的肩膀。这些年来，每当程志遇到难事时，总会想起那夜与老头在一起的情景，总能给他无限的力量。

一个简单的触摸就能给人带来无限的力量。由此可见，肢体语言是非常重要的。心理专家表明：在亲子沟通中，父母不经意地拍拍孩子的肩膀，就会让孩子感受到强烈的幸福感，同时，也能向孩子传递权威的力量，让孩子感受父母关爱的同时，更加尊重父母。所以，父母不妨多采用这种无言的语言，给孩子更多的心灵沟通。

1. 拍拍孩子的肩膀，向孩子传递你的期望。

"一定要好好学习，妈妈对你抱了很大的期望。"这样的语言，孩子们听多了也就麻木了，甚至感觉烦了。"你能不能别说了，叨叨的我头都疼了。"孩子不耐烦地答道。显然，妈妈的话不仅没有向孩子有效传递期望，反而传递了烦躁。是的，在亲子沟通中，父母不能只是用语言和孩子交流。当言语苍白无力时，不妨尝试一下拍拍孩子的肩膀，一样也能像孩子传递你的期望。

2. 拍拍孩子的肩膀，向孩子传递你对孩子的肯定。

"宝贝呀，你做的很对，妈妈为你骄傲。"这样的话，几乎天天回荡在孩子耳畔。"好了，好了，我知道了。"孩子面无表情地点点头。显然，母亲说的话没有带给孩子太多的冲击。此时，父母为何不尝试一下拍拍孩子的肩膀呢？这个不起眼的动作，不仅让孩子感受到父母的肯定，还能带给孩子足够的信心和力量。

3. 拍拍孩子的肩膀，向孩子传递你的无条件支持。

"放手干吧，妈妈支持你！"无论何时，父母说出这句话，孩子总能找回失去的信心。可是，有一种交流方式，比这句话还有力度，更能向孩子传递父母的支持。那就是：拍拍孩子的肩膀。这个动作，可以让孩子切切实实地感受到父母支持自己的力度和决心，家长们不妨试一试。

6. 用眼神与孩子沟通

人们常说：“眼睛是心灵的窗口。”准确地说，应该是：“眼神是心灵的窗口。”眼神会说话，说的都是心里的真话。同样，倾听眼神说话的人也是用心来倾听的。

童童的妈妈最近学会了用眼神与孩子沟通的方法，别说，效果还挺显著的。

“我都说了我想吃馅饼，你没有听到么？”童童又在对姥姥吼叫。

也不知道从何时开始，童童学会了对姥姥大吼大叫。妈妈发现了这个问题之后，三番两次地与童童谈过话，指出他这样的行为是不对的，不能这么不尊重老人。可是，孩子的自控力是有限的，没过多久，又开始对姥姥吼叫起来。为此，桐桐妈妈很是苦恼。

一次，无意间接触了“用眼神与孩子沟通”这个教育方法。童童妈妈觉得很实用，她认为，自己和孩子多次沟通都未见其效，不妨换一种方式，说不定孩子能认识到自己的错误，并加以改正。

于是，当童童又对姥姥大喊大叫时，妈妈没有向以前那样痛斥孩子，而是用犀利的眼神，盯着他。一开始，童童冷不丁地被妈妈的眼神惊住了，接下来，他逐渐恢复了理智，意识到了自己的错误，默默地低下了头。从那以后，童童再也没有对姥姥大喊大叫了。用他自己的话说，“只要他刚想对姥姥喊叫时，就会想起妈妈那犀利的眼神。”

尝到甜头的童童妈妈，开始广泛普及。无论是孩子做错事，还是值得表扬时，又或是需要鼓励时等等，她都会用眼神与孩子交流。而孩子也学会了用眼神和母亲说话。对于孩子的眼神，妈妈通常能够读懂。就这样，这对亲密的母子，经常面对面地看着对方，一句话也不说，可是，不一会儿，他们就会相视而笑。也许别人搞不清他们是怎么回事，可是，童童和妈妈却已经完成了一场心灵上的沟通。

正如童童妈妈一样，如果父母们都能巧妙地运用眼神和孩子沟通，并通过眼神正确传达自己的意愿，无形中与孩子有了一股默契。这种默契，可以加深亲子关系，在亲子沟通中起到意想不到的作用。

事实上，不光是孩子，每一个人都在用眼睛感知世界。人与人之间对视的第一眼就是在用眼神交流，这一点，可能连我们自己也没有意识到。因此，作为父母，一定要搞清楚：和孩子沟通不光只是语言上的，还有眼神的交流，不要忘记这个不会说谎的沟通方式。

眼神会“说”很多话，下面简单介绍两种：

1. 孩子的眼神在问：“妈妈，我可以去做么？”

小孩子，总是对世界充满着好奇和恐惧心理。他们既想一探究竟，又或多或少有点害怕。于是，当孩子想做一件事情时，为了保证自身的安全，他们会向父母投去询问的眼神：“妈妈，我可以做吗？”对此，细心的家长是一定可以发现的，并给予孩子积极的回应。在孩子成长的过程中，孩子们经常会这样用眼神和父母交流，所以，父母们一定要学会用眼神与孩子交流，才能更好地给孩子指引。

2. 孩子的眼神在问：“妈妈，我有能力完成么？”

孩子不够自信，这是很常见的。当孩子向我们投来怀疑自己的眼神时，他们在问“妈妈，我有能力完成么？”父母要能读懂孩子的眼神，及时给孩子鼓励。也许，这个过程只是一瞬间，但是亲子间眼神交汇的那一刹那，母亲读懂了孩子的顾虑，孩子得到了母亲的鼓励。

7. 亲子游戏学问大

“玩、玩，你就知道玩，我正事还做不过来，哪有闲工夫陪你玩呢……”父母一回到家里，孩子就缠着父母和自己做游戏。最终，父母有些急躁了。为什么不能和孩子玩一会儿呢？难道陪孩子一起做游戏就不是正事了么？

爱玩是孩子的天性，父母们在教育孩子的过程中，一定要学会尊重孩子的天性，这样才能更好地教育孩子，不激起孩子的叛逆心理。

“妈妈，你和我玩一会吧。”乐乐说道。

“好吧，那我们一起阅读这本画册，然后按照书上说的步骤，搭个小房子吧。”妈妈说道。

乐乐高兴地点了点头，“好呀，好呀，我们一起搭房子。”。于是，妈妈和乐乐一起坐在地板上，挑选着建房子用的材料的颜色和样式。没过多久，小房子已经成型了。

“妈妈，房子的门前应该再种一些草。”乐乐表达着自己的想法。

“嗯，我觉得你说得很对。”妈妈说道，“可是我们没有草怎么办？”

“没关系的，妈妈，我们可以自己画一些草。”乐乐说完，连忙找来彩笔，“小草是绿色的，这支笔的颜色合适。”听着孩子自言自语，妈妈的脸上露出了一丝笑容。“对了妈妈，天空上再有一道彩虹桥就更漂亮了。”乐乐突发奇想地装点着房子四周。最后，一栋美丽的雨后小房子呈现出来，天空中挂着一道美丽的彩虹，房子的四周有绿草、树木和小路。看着女儿按照自己的想象，制作出来的杰作，妈妈开心极了。

搭房子的游戏，无形中培养了乐乐的想象力，锻炼了孩子的动手能力。不仅如此，乐乐在与妈妈一起做游戏的过程中，自我认知能力、观察能力、立体思维能力都得到了提升。

孩子的游戏内容是非常丰富的，普遍分为三种：

一种是智力开发型的游戏，比如：拼图、纸牌、变形等等。这些游戏有利于孩子智力的开发。

另一种是模仿性的游戏，比如：过家家、看病的游戏、买卖东西的游戏等等。这些游戏有利于孩子更了解现实生活。

最后一种是锻炼性的游戏，比如：跳远、赛跑、打拳等等。这些游戏最大的作用就是锻炼身体，让孩子在锻炼中享受竞争的乐趣、友情和成就感。

因此，做游戏不是简简单单的玩耍、胡闹、浪费时间，这里面的学问很大，对提升、锻炼孩子的各方面能力均有好处。那些反对孩子玩耍的家长们，不要再闭目塞听，多看看书、多听听专家们的解读，真正了解了解，怎样才是对孩子好，不要让自己的无知毁掉孩子。

当然做游戏的过程中，不仅可以锻炼孩子的能力，还可以促进孩子与父母之间的信任和依赖关系，打下良好的沟通基础。

1. 父亲是最有魅力的游戏伙伴。

一位教育家曾经说过："做游戏是需要伙伴的。其中父亲是最有魅力的游戏伙伴。"父亲应该多抽时间和孩子做游戏，在这个过程中，父亲和孩子的关系往往会更加牢固。因为，对于幼小的孩子来讲，父亲陪伴在身边的时间总是不如妈妈多。因而，孩子和爸爸的关系会比和妈妈的关系疏远一些。而陪孩子做游戏恰巧能够弥补这一不足之处。

2. 做游戏有助于父母和孩子保持平等。

在游戏中，父母和孩子都是参与者，没有长辈和晚辈之分，父母们通常会放下架子，和孩子打成一片，这是一个非常自然的过程，是其他场合无法做到的。经常和孩子做游戏的父母，更懂得尊重孩子，将孩子视为独立个体，平等对待，这是亲子沟通的重要基础。

3. 游戏是父母与孩子愉快交流的另一种方式。

父母和孩子在做游戏的过程中，都会觉得开心、轻松，尤其是孩子。事实上，在这种愉快、轻松的游戏过程中，父母和孩子的沟通也随着达到顶峰。在游戏中，父母可以看到孩子的另一面，深入了解孩子的思想，大大拉近与孩子的距离。如果父母能够稍稍动点心思，将想要对孩子说的话与游戏融合起来，相信孩子们接受起来会更容易。

下篇 攻克难题

怎样沟通，
才能让“熊”孩子棒起来

第十二章　犯错了，没关系

让错误成为孩子学习的好机会
——使孩子找到成长安全感的沟通

谁没有犯过错呀？孩子犯错，连上帝都会原谅的。作为父母，一定要宽容孩子的过错，引导孩子改过，让错误成为孩子学习的好机会。与此同时，在与犯错的孩子进行沟通的过程中，一定要注意，纠错的同时不要打击孩子的积极性和自尊心。

1. 孩子犯错，上帝都会原谅的

法国大作家卢梭是这样说的，“孩子的错误，上帝都会原谅的。”父母们需向上帝学习，面对孩子犯错，首先要理解、宽恕，其次是多沟通，耐心纠正。最终的目的，孩子能够吸取教训，改正错误，让错误成为孩子学习的好机会。

“这孩子，每天就知道看电视，不让看就哭。”李坤的妈妈和爸爸抱怨道。

“那你预备怎么办？需要我出面和孩子沟通沟通么？”爸爸一边忙着手上的事情，一边说道。

“不用了，你说也不管用，一会儿你去把网线拔了吧，孩子终究是孩子，自控力还很差，咱们只能通过这种方式控制了。”妈妈说道。李坤妈妈的想法很简单，既不能一点也不让孩子看电视，又要控制孩子看电视的时间。没有网络之后，电视只能播放直播节目，动画片一集播放完之后，就换成其他节目了。如此一来，无形中控制了孩子看电视的时间。

爸爸觉得妈妈的想法很好，过了一会儿，便把网线拔了。

第二天，李坤又吵吵着看电视。妈妈说道：“是这样的，现在咱家没有网络了，所以只能看直播电视，不能像以前那样选片连续播放了。”

李坤一听很沮丧，但是也没有办法，只好接受了。事后，妈妈又对孩子讲了不能长时间看电视的道理，让孩子明白长时间看电视的危害。

这个故事中，李坤的妈妈在处理孩子犯错这件事情上，表现得很冷静，解决问题的方法也很智慧。一般来说，如果父母反复说教了好几遍，孩子依然我行我素，不肯悔改，那么，父母一定会暴跳如雷，对孩子大吼大叫，以发泄心中的不满和愤怒。这样的行为只能让孩子暂时性屈服，过后依旧还会犯。可是，李坤的妈妈，并没有因此而愤怒，而是对孩子的错误表示了理解，并想出一个弥补孩子自控力不足的方法。最后，李坤妈妈和平解决了问题。

事实上，对犯错的孩子多理解、宽容的父母，更容易与孩子进行心与心的对话、交流。孩子们感激父母能够站在他们的角度，理解他们错误的言行，从而摒弃了逆反的心理，理智、正确地看待自己的错误，并采纳好的建议。这样的教育效果，是父母希望看到的。所有的父母都不希望惩罚自己的孩子，他们只是希望孩子能够知错就改，这就足已。正如《左传》中说的，“人非圣贤，孰能无过？过而改之，善莫大焉。”父母的希望正是这句话。

那么，父母们怎样做到宽容对待孩子的错误呢？

1. 先弄清楚孩子为什么会犯错。

是因为孩子一时糊涂，还是故意为之？如果是一时糊涂，那么只需提醒孩子日后多多注意。如果是孩子故意为之，那么父母们一定要先搞清楚孩子的心理，弄清是那些事情、什么原因导致孩子产生了极端心理。只有弄清楚孩子犯错的真正原因，父母才能对症下药，才能药到病除。

2. 控制好自己的情绪。

很多父母看到孩子犯错，负面情绪就开始泛滥，怎么摁都摁不住，非要一股脑地发泄出来。面对这样的父母，真的很想问问，是要宽容孩子的错误，还是要宽容你的错误呢？

父母不能控制好自己的情绪，就无法理智对待孩子的错误，就不能正确教育、引导孩子，很可能会导致亲子关系僵化，孩子错上加错，越走越远。因此，父母如果真的为孩子好，请先控制好自己的情绪。

3. 给孩子改正的机会。

孩子们会犯错是很正常的事情，改了就可以了，父母千万不可抱着老眼光，对孩子不依不饶。否则，即使孩子有心想改，或是已经改正了，也会被父母的有色眼镜逼会旧路上去。

2. 鼓励做错事的孩子

五岁的女儿依依像个小大人一样独立吃饭。可是，她总是将饭粒掉到桌上。每次，依依刚把饭粒掉出来，爸爸就会板着个脸，低声说道："怎么回事，你把手放到桌子上来，好好吃饭。"孩子胆怯地看着爸爸。

时间久了，每当孩子将饭粒掉到桌子上，不管爸爸在不在家，依依都会紧张地偷偷看看其他人的脸色。看着女儿害怕、紧张的样子，妈妈很心疼。于是，她专门找了一个时间与依依爸爸进行了沟通，指责爸爸对孩子太过苛责，孩子是需要鼓励的，不能一味批评。依依爸爸也意识到了自己的错误。

后来，全家人在一起吃饭时，依依又把饭粒掉在了桌上。她立即紧张地看了一眼爸爸。只见爸爸微笑着看着依依，说道："依依，爸爸之前犯错了，总是批评你，其实你这么小，就能够独立吃饭就已经很了不起了。爸爸不应该过分苛求你。你能原谅爸爸么？"

依依紧张的小脸上立即露出了笑容，她点了点头，说道："没有关系的，爸爸犯了错，依依也犯了错，我们一起改正。"

从那以后，依依在吃饭的时候，努力做到不掉饭粒。有时候，即使掉了饭粒，她也不会再向以前那样紧张了，只是默默提醒自己再继续努力。

事实上，对于一个只有五岁的孩子而言，是不可能用好筷子的，吃饭的过程中掉了几粒饭粒，不是什么大错误，父母没有必要对孩子太过严格。否则，孩子的一点点错误都要受到父母的冷眼、惩罚，孩子会觉得很压抑，时间久了，孩子会吓出毛病来的。事例中的依依爸爸，对自己的错误及时向孩子道了歉，避免了不良后果的发生，这是一件值得庆幸的事情。

生活中，父母严格要求孩子是为了孩子能够成才，这份望子成龙的心情是可以理解的。但是，父母们一定要注意，无论对自己的孩子寄予什么样的期待，都不能太过苛责犯了错的孩子。因为，当孩子们犯错时，也是他们心理最脆弱、最需要鼓励的时刻。如果这个时候，父母对孩子进行无情地打压，只会让孩子越来越没有信心，甚至破罐子破摔，干脆一错到底。

那么，父母应该怎样对待犯了错的孩子呢？

1．绝对不能打压孩子。

“你可真够笨的，干什么也干不好”、“早就知道你做不成”、“除了犯错，什么也不会”等等，类似这样打压、贬低孩子的话，最不应该从父母的口中冒出来。原本孩子已经心生悔意了，可是面对父母无情地贬低，孩子内心的逆反情绪会被激发出来，会因为与父母对着干而一错到底。或是原本不自信的孩子更加不自信，失去了继续尝试的勇气和信心。这两种情况，对孩子都没有好处。因此，父母绝对不可以在孩子犯错的时候，借机打压孩子。

2．鼓励孩子，继续努力。

世界上原本也没有所谓的“一帆风顺”，做任何事情都总会或多或少地犯错。这是很正常的事情，父母们一定要将自己的人生经验告诉孩子，让孩子正确看待自己的错误，从错误中总结经验和教训。

3．安慰孩子：犯错会离成功更近一步。

世界上最大的错误就是不犯错。因为只有那些什么也不去做的人才能确保什么错也不犯。越多做事情，犯的错就会越多。孩子们犯错了，从错误中得到教训，他们只会越来越会“走路”，越走越好，终有一天，他们会跨越所有的错误，抵达成功的彼岸。

3．避免当众批评孩子的错误

父母不当众批评孩子的错误，则孩子对自己名誉和自尊更加看重。他们会因为自己的名誉和自尊，而主动约束自己。相反，如果父母经常当众批评孩子的错误，那么，孩子就会变得毫无尊严可言。

久而久之，他们会漠视他人对自己的看法，完全依从自己的心，想干什么就干什么。

父母望子成龙的心情可以理解，但对于孩子寄予过高的期望，容易导致恨铁不成钢的心理，对孩子一点点的错误都无法包容，非常容易发生孩子犯了错，家长情绪失控，发生当众批评孩子的事情。孩子渴望被呵护，被关爱，更渴望得到尊重和理解。父母当众批评孩子，会让孩子感觉没有面子，自尊心受到伤害，导致孩子的心理底线处于崩溃的状态，甚至严重扭曲。

冰冰是父母眼中的淘气包。冰冰的父亲一直坚信“棍棒底下出孝子”的教育理念，从小对冰冰严加管教，有时候甚至当众体罚孩子。尽管冰冰经常犯错，犯了错经常被父亲打，但这丝毫不影响他成为众人眼中的宝贝。

冰冰的爷爷是县城里重点中学的校长，爸爸在税务局工作。因此，冰冰家成了村里的头一户，典型的“名门”。自小，身边所有的人都高看冰冰，同学们羡慕他有这样的家庭背景。

平平是冰冰的表妹，她的母亲是冰冰的亲姑妈。平平的家庭则是普通的农户，父母都是普通的农民。当冰冰吃着香蕉，玩着 DVD 时，平平家还是黑白电视机。因此，在冰冰的众多粉丝中，平平也是其中之一。

在这样的环境下，尽管爸爸经常当众批评他，但是冰冰早已习以为常，甚至不觉得自尊心受伤，还觉得有气魄的男孩子就需要经常犯错，就是从小挨爸爸的打。在这种扭曲、错误的心理指引下，冰冰在学校里也喜欢做坏学生，觉得这样很酷。

有什么样的行为，就会产生什么样的结果。冰冰曾倾心做老师和同学眼中的坏学生，自然成绩也好不到哪去。随着年龄的增长，冰冰或多或少也感觉到了，自己以前认为光彩的事情，很酷的事情，现在竟觉得没有多少意义。众人眼中的“酷”不知何时竟然转化成了“成绩好”。事实上，不是其他人转变了，而是冰冰的心态一直是错的。

冰冰扭曲的心理，与父母从小当众批评孩子的教育方式有关。父母错误的教育方式，让孩子觉得是在揭他的伤疤，导致孩子自尊心受到了很大的伤害，甚至产生了以丑为美的错误心理，误把不良的形象当成了酷帅的形象。

避免当众批评孩子，要求父母多站在孩子的角度想问题，尊重孩子，维护孩子的自尊心，这样有益于他形成一种自尊自爱的心理。一般具有这样情感的孩子，往往也会懂得尊重其他人，进而得到他人的尊重，生活因此变得更加美好。所以，在孩子犯错误时，父母一定要避免当众批评孩子。要知道，良好的家庭教育与源于父母对孩子的了解、尊重和爱护，而非避免当众批评孩子。

1. 批评要点到为止，给孩子保留尊严。

随着孩子年龄的增长，孩子对自己犯的错误有一定的认识，这一点父母们要充分考虑到，对孩子的一些错误，点到为止，不要过分批评，甚至保持沉默，给孩子保留尊严。这样孩子反而会更加充分地认识错误，反省改过。

2. 批评要简短、有针对性。

很多父母在批评孩子时，东拉西扯，说了一堆的废话。而此时此刻的孩子，只听见父母一通长篇谬论，根本不知道父母想要说的是什么。时间长了，孩子开始听得不耐烦了，进而一定会对父母的批评产生了抵触。这样的批评没有任何作用，反而会让孩子更加叛逆。

生活中，父母面对犯错的孩子进行批评教育是一件正常的事情，但批评的语言一定要有理有据，言简意赅，让孩子听得明白，觉得父母批评得有道理，才是批评的最终目的。

3. 批评要恰到好处。

批评是一门学问，要结合孩子的心理承受力和认识错误的程度，决定言辞程度。对于孩子的有些错误，父母必须立即制止，向孩子说清楚道理，不要让孩子产生侥幸心理。同时，父母要尽可能地缩短对孩子进行批评教育的时间，终究，任何一种形式的批评，都有带有一定的打击性，对于孩子的自尊心或多或少会有一定的伤害。

4. 犯错不是愚蠢、无能、没出息

四岁半的阳阳，在晚饭后和姥姥、妈妈一起去公园散步。在离家不远的地方，有一个公益公园，那里成了居民们散步的好场所。

阳阳也很喜欢这里，这里有滑梯、秋千、登山训练等等器材，非常适合孩子玩耍。玩滑梯的小孩子很多，在大人的维持下，孩子们按顺序排队，一个一个地溜滑梯。阳阳一开始没有注意到小朋友们排队的规则，上去就做出了插队的举动。结果还没有等妈妈开口说话制止，后面年龄大一些的小朋友立即制止了阳阳。看到阳阳因此乖乖排到后面的行为，妈妈尽管有些心疼，但也明白却是应该如此，孩子就应该遵守规则。

接下来，妈妈发现，只要阳阳见到阻止他的那两个大孩子就会立即闪开，径直排到他们后面去。阳阳是因为害怕他们，才这样做的。妈妈思考了一会，鉴于是公共场所，也没有多说什么。

后来，玩了一会儿滑梯，阳阳提出要去玩秋千的要求。玩秋千的人同样很多，姥姥等了半天终于等到了阳阳可以去玩的机会。也不知道是什么原因，姥姥似乎有些紧张，在孩子玩的过程中，出现了一个小小的操作失误后，竟然当着很多人的面，脱离而出：“笨蛋”。一旁的妈妈听到这两个字后，脸色立马变了。她知道这两个字会对孩子产生什么样的伤害，很想立即反驳回去，最终考虑到母亲的面子，硬生生地把想说的话咽了下去。果然，孩子自己辩驳了几句之后，有些沮丧地说道：“我不想玩了。”

看到孩子沮丧的样子，妈妈觉得非常对不起孩子。

孩子犯错不是他们愚蠢、无能、没出息的表现，作为家长，要允许孩子犯错误，有些错误代表着孩子在成长。事例中的姥姥的行为非常愚蠢，孩子从来没有玩过滑梯，出现操作错误，也只是与滑梯渐渐熟悉的正常现象，怎么可以因此说出侮辱性的话语呢，致使孩子失去了玩滑梯的兴趣。如果，这是姥姥一直秉持的教育方式，那么，事例中的孩子最终失去的不只是对滑梯的兴趣，还会失去更多的兴趣。因为，孩子在尝试任何新事物时，都会出现这样那样的错误。这个时候，孩子需要的不是任何侮辱性的批评，而是鼓励。

1. 正确认识孩子的错误。

一个合格的家长，在孩子犯错误后，首先要做的就是正确认识孩子的错误。对于孩子的有些错误，是成长过程中，在接受新事物时，因为对新生事物不了解，磨合、了解的过程中产生的。面对孩子的这些错误，父母们不要随随便便地批评孩子，要鼓励孩子，在鼓励中引导孩子了解新事物。

2. 一定要明白，孩子犯错误与无能、愚蠢、没出息没有任何关系。

孩子犯了错误，本来自信心就已经受到了打击，如果这个时候，父母再火山浇油，对孩子说出确认孩子无能、愚蠢、没出息的语言。那好，恭喜这位父母，在他的教育引导下，一定可以培养出一个自卑的孩子。

孩子的错误，可能是成长过程中必然的环节，也可能是基于某种错误的心理，还有可能是一时疏忽。无论哪种原因，都与孩子的智商和未来没有关系呀。既然没有关系，为什么有些父母非要说出有重大关系的语言呢？问题的根源在于父母，请父母自己思考、并改掉错误的思想，以免殃及池鱼。

3. 批评教育的是孩子的行为，鼓励的是孩子本人。

父母在批评孩子的错误行为时，应该秉持一个原则，那就是：批评教育的是孩子的行为，鼓励的是孩子本人。在这个原则的指导下，父母不会做出伤害孩子自尊心的事情，会帮助孩子将错误转化成学习、进步的机会。

5. 点拨法，教孩子自我反省

当当是个大孩子了，自尊心很强，通常是父母还没有深入批评她的错误，她就已经眼泪汪汪的了。爱哭的最大好处就是父母接下来的批评强度会大大减弱。

这一天，当当妈妈正忙着一项很重要的工作，一边的当当却非要妈妈和他一起做游戏。

“妈妈，和我一起玩吧，我们玩超人打怪兽的游戏吧。”当当趴在妈妈的后背上，说道。

“当当乖，妈妈现在有些事情要处理，你自己玩一会儿，好不好？”妈妈一边工作，一边对孩子说道。

“我不嘛，我就要妈妈陪我玩。”孩子有些执拗起来。

接下来，无论妈妈怎么说，当当就是缠着妈妈，不让妈妈安心工作。为了能够让妈妈放弃工作，当当径直关闭了妈妈的电脑。做了一半的表格还没有保存，这就意味着妈妈的工作白做了。

妈妈顿时火冒三丈，气急败坏地吼道：“干什么呀？就知道玩，你没有看到我正忙着吗？一点也不知道体谅父母的难处。”

就这么一句话，当当立即转过身去，面对着墙壁一动不动地站着。时间一点点过去，妈妈渐渐恢复了平静，看着一旁的当当，妈妈有些后悔。

“当当，你怎么了，生气了吗？妈妈想抱抱你。”妈妈温和地说道。

听到母亲温柔的声音，当当“哇”的一声哭了起来，委屈的泪珠一串串地掉下。

妈妈笑了笑，说道：“好了好了，当当如果你正在专心致志地做着一件事情，妈妈偏要打扰你，比如你正在专心地看动画片，妈妈却不停地和你说其他事情，你会不会也觉得不舒服呀？”

“可是你也不能大吼大叫呀。”当当委屈地说道。

“是的，妈妈对你大吼大叫的确不对，你批评的很对，对不起，我以后一定注意，不再对你大吼大叫了。”妈妈真诚地向当当道歉。对于当当的错误，妈妈再也没有多说什么。

事例中的当当属于敏感型的孩子，心理非常脆弱，自尊心很强。这样的孩子犯错时，父母一定要掌握批评的程度，点到为止，不能伤害孩子的心灵。事例中的妈妈，虽然最开始被愤怒冲昏了头脑，对孩子采取了极端行为，但最后及时反省了，对孩子的错误，轻轻点过，对自己的错误真诚向孩子道歉。这样的处理是很妥善的，维护了孩子的尊严，至于孩子的错误，她自己会反省思过的。

生活中，很多父母不愿意相信孩子具有反思能力。事实上，多数孩子对自己犯下的错误，是有一定判断力的。父母对于这样的孩子，根本不用采取极端的批评方式，只需轻轻点一下，让孩子意识到自己的错误，余下的反思工作大可放手交给孩子。这也是对孩子的一种尊重。孩子感恩父母对自己的尊重与包容，会更加认真地反省自己。这样的批评所产生的效果远远大于那些急赤白脸将孩子数落一顿的效果。

1．不要经常批评孩子。

父母对孩子的批评尽可能减少。如果父母平时极少批评孩子，当孩子犯了一个非要批评的错误时，父母的批评会引起孩子的重视。他们会非常认真地反省自己的行为，并且对这次的错误记忆深刻。相反，如果一个父母整日里叨叨孩子，搞得孩子非常反感。等到孩子真的做出了需要批评的错事时，父母的批评丝毫不会引起孩子的重视。因为，孩子已经习惯了父母的叨叨，对父母的话根本不当回事了。因此，父母们一定要学会运用点拨法，在关键的时刻，点拨一下孩子的言行。

2．点到即可，说过去就不再提了。

“你可别再向以前一样，非要等到暑假快结束了再写作业啦。”很多父母都曾经说过这样的话。以前的事情不是已经过去了么？为什么还要提？这两个问题，问问这些旧事重提的父母们。

对于孩子的错误，言简意赅地说一次就可以了，不要反复说。有的父母说，“我担心说一次，孩子记不住，不知道反省自己。”这么想就错了，说一次，孩子记不住，说很多次，孩子就不是记不住了，而是不想记了。任何一个家庭都有自己的模式，有的家庭给予孩子应有的尊重，将反省的工作交于孩子本身，这样的家庭教育出来的孩子，只要父母轻轻一点拨就懂得自我反省。

3．借助其他事或物，点拨孩子。

总体而言，点拨式的批评沟通，主要原则就是含蓄，为了更好地尊重孩子，不直接批评孩子。这样的批评方式，给足了孩子面子。一般情况下，父母给孩子留情面，孩子也会效法父母的言行，给足父母面子。所以他们会更自觉，更认真地反省自己。

6. “暗示”的魅力

“丁丁你能不能别这么贪玩，从早上跑出去，一上午都不见你的踪影，你都这么大了，放假了应该抽点时间帮帮爸爸妈妈了。”妈妈一如既往地唠叨着。

“哎呀，老妈你可别念咒了。爱玩是我们的天性呀，你看其他的孩子不也这样嘛，怎么就您天天唠叨来唠叨去呀。”儿子不耐烦地说道。

一旁看报纸的父亲虽然没有插话，却也在认真地听着母子二人的对话。午后，天气很好，父亲约上儿子去钓鱼。儿子很高兴地跟着父亲去了。

池塘边，草地上，父亲和儿子沐浴在大自然里，静静地等候着鱼儿上钩。这时，父亲说道：“儿子，我跟你讲一个故事吧。”

“好呀。”儿子答道。

“那天，我和你赵伯一起打扫单位食堂的烟筒。打扫完之后，我们两个都变成了黑人，身上沾满了烟灰。于是，我连忙去清洗干净，并换上了干净的衣服。你赵伯伯没有看到我脏乎乎的样子，只见到我干干净净的样子，还以为自己和我一样，也很干净。于是只是简单地洗了洗手，就上街去了。结果，赵伯伯的很多熟人见到他之后，全都捧腹大笑起来。这时，你赵伯伯才知道自己脏的快让人认不出来了。”父亲说道。

儿子听完之后，也笑了起来：“赵伯伯可太逗了。”

爸爸接着意味深长地说道：“是呀，他是挺逗的。事实上，通过这件事情，我忽然想明白一个问题，那就是不能把别人当成自己的镜子，做任何事情都要自己思考是不是正确，不能因为大家都这么做了就认为自己的行为是对的。”

儿子很快就明白了父母的“暗示”，顿时觉得无比羞愧。

生活就是如此，有些话直接被说出来，可能效果会很差，甚至会伤害孩子的心灵，激发孩子叛逆的心理。相反，换一种方式，暗示一下孩子，不仅不会伤害到孩子，还能然给孩子醒悟得更加彻底。作为家长，在教育孩子的过程中，不能只采用硬生生的直接教育，要学会充分利用“暗示”的力量，效果会更显著。

每一个孩子都有自尊心，每一位父母都应小心呵护孩子的自尊心。因为有了“自尊心”孩子才能很好地约束、克制自己，才能及时反省自己、改掉不良习惯，才能懂上进、知廉耻，从而成为一名自尊自爱的好孩子。所以，父母做任何事情都不要以伤害孩子自尊作为代价。面对犯错的孩子，直接的批评教育可能会伤害到孩子的心灵，既然如此，父母们何不尝试一下“暗示”的魅力呢?

1. 善于发现问题的根源。

正如事例中的儿子，之所以不反思自己贪玩的行为，是因为他觉得其他孩子都如此。所以，习以为常，认为自己也没有错误。智慧的父亲在第一时间找了问题的根源，于是对症下药，直指病灶，很快就药到病除，孩子意识到了自己的错误。

2. 采用的“暗示”工具要恰当。

采用“暗示”的方式教育孩子，一定会有“暗示”的工具。父母们要想充分发挥“暗示”的魅力，就必须选择恰当的“暗示”工具，才能事半功倍。正如事例中的爸爸，采用了非常恰当的“暗示”工具——工作上的小笑话，对儿子进行了暗示，果然效果非常显著。儿子彻底意识到自己的错误，与恰当的“暗示”工具有着密切的关系。

3. 摒除硬教育的思想。

很多家长固执性地认为：孩子就是要打、要骂。这样他们才长记性。这样的教育理念已经过时了，事实证明这种教育理念存在着很大的弊端，会伤害到孩子。因此，父母们一定要从思想深处彻底根除，不要再让它出来为非作歹了。

7.在“错误”中学到了什么

其实，无论孩子犯了什么错误，父母采用什么样的教育引导方式，最终的目的只有一个：孩子们在“错误”中学到了什么？

“浩浩，妈妈这几天一直很后悔，那天当着你的面和你爸爸吵架的事情。”妈妈说道。

看着母亲自责的样子，孩子问道：“后悔什么，你觉得自己哪里做错了？”

妈妈说道：“其实你的爸爸也没有做什么太大的错事，只是工作了一天有些累了，晚上回到家里就没有力气管家里的事情了。而我呢，也是如此，忙了一天回到家里还有一堆的家务事要做，还要照顾你，而你的爸爸一点也不为妈妈分担，妈妈就生气了。所以，对你爸爸的态度非常恶劣，好像还动手打了他一下。”

儿子认真地听着妈妈说，“妈妈，其实爸爸也有错，但是你的态度不好，可以好好和爸爸沟通呀。这件事情，您不用再后悔了，只要意识到自己的错误就是进步。相信爸爸也不会怪您的。”

看着只有六岁的儿子，竟然说出了这样的话，妈妈一边为孩子的进步感到高兴，一边又思考着：“孩子虽然小，但是他什么都懂，看来以后和孩子沟通时，更要尊重他了。”

生活中也是如此，很多时候，孩子比我们想象中懂事多了。也许只有我们自己还一直把孩子当成小孩子，其实，孩子已经很成熟了。正如事例中的儿子，虽然只有六岁却说出了问题的关键：妈妈没有必要自责了，只要能从“错误”中学到东西，这就已经可以了。

童言总是很简单，但往往越简单的话越是真理。成年人在社会上摸爬滚打很多年之后，竟然渐渐忘记了最简单的真理。的确如此，犯错有什么可怕的，有什么可后悔的，只要能够认真总结经验和教训，从中学到东西，那么，这个错误犯得就很值得。

1．错误的另一个出口就是进步。

为什么人会犯错?

因为是人总会有缺点，这些缺点就是导致人们犯错的原因。从犯错到改错，是一个从发现缺点、不足，到弥补缺点和不足的过程。这个过程恰恰正是人们进步的过程。因此，错误的另一个出口就是进步。

2．总结经验和教训。

认识到错误之后,就是从错误中总结经验和教训,这个环节非常重要。无论是谁，想要从错误中学到东西，都必须经过这个环节。俗话说：“没有总结，就没有进步。”是的，总结经验和教训的过程就是孩子们提升思想高度的过程。因此，总结经验和教训的这个环境，是犯错之后自省的重要环境，绝对不能跨越。

3．摆正心态，重新来过。

犯了错，真的不要紧，特别是孩子，在与这个陌生的世界一步步熟悉的过程中，犯错误是太正常不过的事情了。只要孩子们能够认真总结经验和教训，认识到错误的本质，不要多想，摆正心态，重拾信心满满地上路就可以了。

第十三章　清除坏习惯

坏习惯可以将孩子送进地狱
——沟通的过程就是让孩子改掉不良习惯

每天处理孩子的说谎、乱丢玩具、晚睡、赖床、只想自己……就如同一场永远也打不完的亲子对抗战。无论开战的缘由是什么，父母多么的气愤，他们要做的第一件事情都是——保持理性，选择正确的沟通方法。

1. 孩子懒惰松散怎么办

生活镜头一：

“阳阳，快点帮妈妈把被子叠上”、“阳阳把自己的玩具收拾好”、“阳阳自己穿好衣服”、“阳阳快去洗脸刷牙……

清晨，孩子还没有完全从睡梦中清醒，勤劳的“围裙妈妈”的呼唤声响起。伴随着妈妈的声音，一家人的幸福生活开始了。

“妈，你怎么什么都让我干呀，你想累死我呀。”儿子虽然嘴上抱怨着，手里却不由自主地忙碌开来。没过多久，母亲分配的任务全部完成了，儿子背着小书包上学去了……

生活镜头二：

“丽丽，快起床了，又要迟到了。”妈妈在厨房里忙了一早上，现在早餐已经摆上桌，才唤孩子起床。

“妈妈，快点给我穿衣服呀。”丽丽坐在床上一动不动。

“哎呀，大宝贝，今天这么听话，妈妈只叫了一声就起床啦。好滴，妈妈立马就给你穿衣服去。”妈妈说道。孩子忽然间让她这么“省心”，这位妈妈似乎有点受宠若惊了。

于是，妈妈连忙跑进孩子的房间，三下五除二就给孩子穿好了衣服。接着，妈妈领着孩子来到了卫生间。只见，丽丽一动不动，站在那里任由妈妈为自己洗脸、洗手、刷牙。妈妈的效率就是高，不到十分钟，孩子就被收拾利落了。就这样，妈妈背起小书包，领着丽丽去上学了。

这就是孩子间的差别。丽丽和阳阳年龄相仿，心理年龄却不相仿。阳阳不仅可以自己照顾自己，还能帮助妈妈做些简单的家务活。而丽丽则非常懒惰松散，什么事情都要妈妈给做，自己简直就是一个“衣来伸手饭来张口”的小公主。说到这里，家长们一定明白为什么丽丽会养成

“懒惰松散”的不良习惯了吧。既然已经找到了问题的根源，那么解决它就不再是难事了。

事例中的丽丽妈妈由于非常“能干”把孩子应该自己做的活，全都做完了，养成了孩子懒惰松散的不良习惯。对此，丽丽妈妈不妨学习阳阳妈妈，做一个只分配任务的妈妈。

当然，在开始纠正孩子已经形成的不良习惯时，会遇到孩子的反抗，比如：就是不自己穿衣服，宁可上学迟到；就是不洗脸刷牙，宁可脏兮兮的；就是不帮父母做家务，宁可妈妈反复唠叨等等。面对这些反抗行为，父母们应该如何与孩子沟通呢？

建议一：让孩子明白，懒惰松散不是一个好习惯，勤劳有纪律性才是好孩子应具有的品质。

作为家长，无论何时，都要相信自己的孩子是通情达理的，只有你相信这一点，你才愿意尝试与孩子进行深入的沟通。事实上，孩子们也不是不讲道理的。每一个孩子在刚刚出生时，都是一张白纸，没有任何的不良习惯，所有的不良习惯全是父母后天培养出来的。因此，趁着孩子们的不良习惯还没有彻底变牢固，父母们一定要釜底抽薪，先从思想深处改掉它们。

建议二：改掉不良习惯需要一个过程，在这个过程中，父母要多提醒点孩子。

所谓习惯，无论是形成还是纠正，都需要一个过程。在这个过程中，孩子们经常会忍不住思念以前的不良习惯，继续懒惰松散。考虑到孩子的自控力尚且不足，家长们需要勤提醒点孩子。

建议三：纠正恶习的全过程中，家长要以“鼓励”和“赞扬”的基调。

“鼓励”和“赞扬”能够激发孩子的斗志，给孩子力量，让孩子勇敢挑战“懒惰松散”的不良习惯。在这个过程中，父母要对孩子有足够的信心和耐心，不要孩子还没有放弃，家长先不耐烦，开始不停地呵斥孩子。父母的呵斥和侮辱，会让孩子的心灵受到伤害，丧失纠正不良习惯的动力，加深对不良习惯的依赖心理。在他们的心中会形成这样一个印象：改掉习惯好难呀。日后，当孩子再遇到需要纠正的不良习惯，就会从心底恐惧排斥，进而使改掉不良习惯的过程变得真的很难。

2. 孩子爱说谎怎么办

古往今来，无论是家庭教育还是学校教育，老师和家长们一向将孩子说谎视为大忌。就这样，说谎成了孩子身上最不可容忍的恶习。

事实上，世界上几乎没有一个孩子从小到大一句谎话也没说过。研究表明，很多孩子从三岁开始就无师自通了说谎的本领，到了九岁时，几乎所有的孩子都有了说谎的经历。面对这样的结论，很多家长表示出了担忧的心情。其实，家长们没有必要太过担心，孩子说谎并不是一项无法改正的可怕恶习。

想要纠正孩子爱说谎的不良习惯，首先必须要弄清楚孩子为什么说谎：

首先，恐惧会让孩子在不知不觉中养成说谎的习惯。

著名哲学家罗素曾经说过：“孩子不诚实几乎总是恐惧的结果。”这句话告诉我们孩子说谎的原因，在于家长自身。也就是说，家长才是让孩子说谎的罪魁祸首。因此，如果你的孩子爱说谎，请你自己反思一下教育方式，是不是太过严苛，导致孩子长期处于恐惧状态中，致使孩子没有勇气和你说真话。

其次，不要逼孩子，孩子有保持沉默的权利。

很多时候，孩子也有隐私，也有保护隐私的权利。当孩子们不想说的时候，请家长尊重孩子保持沉默的权利，不要硬逼着孩子说。试想一下，如果你有极其隐私的事情不想被别人知道，可是对方非要逼着你说，你会怎么办？答案多么简单呀，是呀，说谎是最好的解决之法。因此，如果孩子不想说，家长不要硬逼，否则只会逼着孩子说谎。

这两点原因是导致孩子爱说谎话的根本原因。由此可见，几乎所有说谎的孩子都是被家长逼迫的。那么，想要纠正孩子的这一不良习惯，家长们首先要做的就是自我反省，审视一下自己的教育方式，做出质的改变，让孩子拥有一个轻松、自由、有尊严的成长环境。在这样的环境下，孩子们爱说谎的不良习惯是可以自愈的。

首先，给孩子足够的尊重，平等对待孩子。

孩子作为一个独立的个人，应该享有与成人同等的权利。作为父母，必须学会尊重自己的孩子，不能错误地把孩子变成恐惧自己的“弱势群体”。很多孩子对自己的父母既爱又怕，甚至只有怕，这样的父母绝对没有给孩子足够的尊重，让孩子成为了“任其宰割”的弱势群体。我们要尊重孩子，万事好商量，这样才能给孩子一个轻松愉快的成长环境。没有了压力，孩子也就没有必要再说谎了。

其次，不可以对孩子实施软暴力。

有的父母知道不能暴力对待孩子，会让孩子的心灵受到伤害，于是便采用了示弱的教育方式。如：“哎呀，你不听我的话，我被你气得头疼了”、“你可不能让妈妈这么操心呀，妈妈已经挺累了，再这么不省心，恐怕妈妈看不到你成人了”等等。

父母如此示弱，的确会引发孩子的同情和不忍的心理。孩子们为了不让父母伤心，只好被迫按照父母的要求去做，或是违心说谎。因此，父母要正确教育孩子，不能为了达到目的，让孩子背负沉重的心理包袱。

最后一点，正确引导孩子，让孩子弄清楚不能说谎话的道理。

儿时那则《狼来了》的故事现在很多家长可能还记忆犹新，说谎话会让孩子付出很大的代价。失信于人，就是其中的一个重要代价。没有了信用，孩子怎么在社会立足，别人还会愿意和他交往么？因此，不管有多少情非得已的理由，都不能成为孩子说谎话的理由。将这个道理讲给孩子听，孩子们会引以为戒，不会因小失大的。

3. 孩子不守信用怎么办

“妈妈，我以后再也不买玩具了，你就给我买这一次，好不好？”孩子说道。

“只买这一次么？以后都不要玩具了？”妈妈试探性地问道。

“是的，只要你给我买了这个玩具，以后我再也不买了。”孩子不假思索地说道。

“好吧，我同意，你记住你现在说的话。”妈妈爽快地答应了。

过了几天，孩子又动了买玩具的心思，看到喜爱的玩具真走不动路了，拉着妈妈非要买。

“妈妈，我想要这个玩具。”孩子说道。

“可是，之前你不是说以后都不买玩具了吗？难道你想说话不算话？”妈妈说道。

“不嘛不嘛，我就要。”孩子不管什么信用不信用，玩具的诱惑战胜了一切。

“不行，你必须守信用，信用是做人的根本。我不能答应你。”妈妈转身就走。

孩子在后面失声痛哭……

面对这样的场景，父母们应该怎么和孩子沟通呢？

事实上，这样的亲子沟通已经陷入了僵局，无论父母采取怎样的方式沟通，恐怕都不能和平化解这场闹剧。其实，在这个事例中，受伤者何止只有家长呀，孩子同样也受到了伤害。有的家长可能会问，孩子这么不受信用，受害的不应该只是父母嘛，孩子是自作自受。其实不是这样，从故事中，不难看出：孩子说的“以后都不买玩具了”，这句话孩子根本就做不到，而那位妈妈明明知道孩子根本不可能做到，只是为了让她答应自己买下玩具的借口，还偏要看着孩子一步步走进陷阱了。从这个角度来讲，孩子也是受害者。

因此，家长应做好以下几点：

第一，教育孩子不要随随便便许诺。

为了避免孩子养成不守信用的习惯，父母们一定要在孩子胡乱许诺的时候，加以制止，并教育孩子不要随随便便许诺。

第二，面对不守信用的孩子，父母要耐心引导。

孩子的自控力远远低于成年人。如果连成年人都做不到事事守信用，那么孩子就更加做不到了。因此，父母面对不守信用的孩子，要宽容，要耐心地引导，不要急着批评孩子，给孩子扣上一顶“不讲信用”的大帽子。这样会让孩子的心理天平失衡，认为自己就是一个“不讲信用”的坏孩子。如果孩子在潜意识里对自己下了这样一个结论，孩子在接下来的行动中一定会朝着这个方向前进，一次又一次地证实这个结论，直至最后养成习惯。所以，父母在教育孩子的过程中，一定要注意不能随随便便地给孩子贴标签，孩子还没有足够的判断力，父母这样的行为会让孩子建立错误的思维模式。

第三，生活中，父母要以身作则，身教胜于言教。

作为家长，在要求孩子做到守信用的同时，自己首先要做到守信用，在生活中的点点滴滴中，展现出良好的信用。耳濡目染，在父母实实在在的行为的熏陶下，不用太多的语言，孩子和父母就已经完成了一场深处的亲子沟通。孩子的模仿能力非常强，而父母作为他的第一任老师，父母的言谈举止会在孩子的心理留下深刻的印象，孩子们会模仿父母的言谈举止，并且可以模仿得惟妙惟肖，如出一辙。因此，父母们一定要严于律己，不可成为亲子教育中的一大败笔。

4. 孩子不按时作息怎么办

“这个孩子就是不肯按时作息，你看她明明已经困了，还在那硬撑着。”妈妈抱怨道。

玲玲从小由奶奶抚养。奶奶年纪大了，睡觉的时间短了，经常半夜还不睡觉。孩子自然也养成了晚睡的习惯。到了第二天早上，奶奶习惯晚起，经常九十点才起。孩子也是如此。发现这个不良习惯后，玲玲的爸爸妈妈及时将孩子接回抚养。可是，孩子已经养成了不按时作息的不良习惯。

为了能够帮助孩子改掉这个毛病，玲玲妈妈可是费劲了脑汁，耐心地和孩子讲道理，告诉孩子不按时作息的危害。可是，孩子年纪还小，根本顾虑不了那么多，到了晚上，依旧是午夜之前不上床。接着玲玲妈妈又尝试着在白天的时候，带着孩子四处走走。孩子的运动量加大了，自然也就容易入睡了。别说，这个方法还是有效果的。玲玲和妈妈在外面跑了一天，回到家里后累得趴在床上动也不动，结果没到九点孩子就睡着了。于是，妈妈决定采用这个方法帮助玲玲改变不按时作息的习惯。

就这样，玲玲和妈妈坚持运动了一个星期，玲玲不按时作息的习惯的确改变了。妈妈又开始尝试减少孩子的运动量，终究谁也没有那么多时间陪着孩子一直运动。运动量降下来之后，孩子按时作息的习惯有所动摇。尽管到了平时睡觉的时间了，可是玲玲就是硬撑着不肯睡觉。

最后还是爸爸的主意多，他对玲玲说："玲玲上床去躺着，准备睡觉的时候，爸爸可以给你讲个故事。"

听到爸爸答应讲故事，原本就已经困了的玲玲很快就答应了爸爸。

事实上，玲玲安静地躺在床上，听爸爸讲故事，还不到十分钟就睡着了。

像玲玲一样不按时作息的孩子有很多很多。孩子们总是贪玩，不愿意乖乖睡觉，甚至已经睁不开眼睛了，还坚持着不肯上床。很多父母对孩子不按时作息的习惯头疼不已。其实，想要纠正孩子的这一不良习惯并不难。正如事例中玲玲的父母采取的方法就很有效果。孩子就是孩子，家长给播种一个什么样的行为，他们就会养成一个什么的习惯，关键还在于家长如何引导。

1. 家长要按时作息。

事实上，很多家庭的生活习惯是同步的，尤其是作息习惯。在孩子年龄很小的时候，他的作息时间与父母的作息时间基本一致。因此，家长们首先要保证按时作息，才能纠正孩子的不按时作息的坏习惯。

2. 提升孩子对按时作息的思想认识。

按时作息是保证孩子身体健康的重要前提。因此，家长们需要从小培养孩子良好的生活习惯。对于那些已经养成不按时作息的不良习惯的孩子们，家长要从思想予以纠正，耐心地和孩子讲道理，告诉孩子们："按时作息可以保证你们少生病，有力量，更聪明，更漂亮，变得越来越优秀。

相反，如果不按时作息，身体得不到很好的休息，就会很容易生病的，力气也小了，小脑袋也不那么聪明了……”孩子们也有自我保护的意识，当他们听到生病，就会立即联想到打针。为了保护自己，孩子们在心里是愿意按时作息的。即使日后依旧欲望战胜理性，但是在孩子的思维中，非常清楚自己的行为是错的。面对错误的行为，孩子的底气不足，自然更容易动摇。

3. 不要呵斥孩子，要有耐心。

一些家长见孩子怎么哄也哄不睡，不由地怒火丛生，对孩子一顿训斥。结果这一折腾又浪费了很多时间。同时，孩子也更加排斥睡觉了。所谓“哄”孩子睡觉，自然是有很多“哄”的办法，唯独呵斥孩子不可取。家长们可以给孩子讲讲故事、轻轻拍拍孩子的后背、抚摸孩子等等，这些办法都可以加速孩子睡眠。

5. 孩子乱扔东西怎么办

一开门，只见客厅的地上摆满了宁宁的玩具：机器人、奥特曼、玩具枪、变形汽车等等。爸爸的脸上顿时凝重起来。

“肖宁宁，你给我出来。”爸爸站在客厅里大声喊道。

这时，只见头戴大盖帽的妈妈和手持机关枪的宁宁从卧室冒出头来。

“爸爸，你回来了。”宁宁像一只欢快地小麻雀扑向爸爸。

原本脸色阴沉的爸爸，无奈地叹了一口气，一把抱起了儿子，“小东西，有没有想爸爸呀？”

见到这个情形，妈妈就明白了，原本怒气冲冲的爸爸瞬间被灭了火。的确，当宁宁爸爸看到屋子里摆的乱七八糟的玩具确实很生气，但是再看到天真可爱的儿子，顿时没了脾气。事实上，宁宁乱扔东西这个坏习惯已经困扰了他们很长时间，只是宁宁父母一直认为孩子挺听话的，而且年龄也小，可能大一点就好了。于是，宁宁父母也没有过分纠正孩子的行为。

就这样，渐渐地，孩子便养成了这种不良习惯。

很快，妈妈就发现宁宁不光是乱扔玩具，就连吃完的果皮也随手乱扔，弄得妈妈刚刚擦过的地板好多污渍。尽管妈妈经常提醒他要尊重别人的劳动果实，维护家庭的整体环境，可是宁宁总是“视而不见，听而不闻”的样子。也许，从来没有做过家务活的宁宁，早已经习惯了妈妈收拾家务。为此，宁宁妈妈头疼不已。

随着生活节奏的加快，越来越多的父母根本抽不出太多的时间收拾家务。因此，家庭成员的保持习惯就很重要，特别是孩子，如果能够为保持家里卫生尽一份力的话，那父母的工作将会被大大减轻。

事例中的情节在生活中非常常见，很多家长都反映孩子总是习惯乱扔东西，搞得家里一团乱，父母需要时刻跟在孩子的身后收拾。面对这样的情况，家长应该怎样纠正孩子的不良习惯呢?

1．可以召开家庭会议，专门制定家庭卫生秩序。

当然，召开这样的家庭会议，孩子一定要参加。事实上，完全可以让孩子主持会议，总结保持家庭环境的整洁的利与弊。在孩子准备会议材料的过程中，孩子能够更多地思考如何维持家庭环境。之后，在会议上，成员们相互发言。这种形式的沟通交流，有助于孩子接受父母的教诲，引发孩子的积极性。家长们不妨可以尝试一下。

2．告诉孩子收拾东西有很多好处。

引导孩子养成“收拾东西”的习惯，对孩子的成长有很多好处，不单单是使家庭环境变得整洁，还能锻炼孩子归纳、整理、分析、想象的能力。善于收拾、整理东西的孩子，做事情、表达上都更有条理。

3．不要生硬地强制孩子整理东西，要用孩子感兴趣的方式引导孩子。

孩子有孩子的世界，在孩子的世界里，充满着童趣和善良，父母要学会站在孩子的角度思考问题，很多头疼不已的难题就会迎刃而解。

很多家长对孩子爱扔东西的不良习惯有自己的妙方，他们非常善于利用孩子的心理，站在孩子的角度与孩子进行沟通，轻轻松松纠正孩子的不良习惯，例如：

孩子总是随手乱扔玩具。父母们经常会告诉孩子，“宝贝，玩具也有自己的家，你和它玩够了，就要记得送它回家，否则，它一个人在外面会感觉害怕的。不管如此，其他的人一不小心还会踩到它。”通常情况下，父母们这样引导孩子，一定可以激发孩子收拾玩具的兴趣。

6. 孩子不关心父母怎么办

大伟从小由姥姥抚养，隔辈亲的效应在姥姥身上体现得淋漓尽致。大伟简直成了姥姥的心头肉：有什么好吃的都要给孩子留着，别人一点也不能吃。

“伟伟，有好东西要分享分享，我们都是你的家人，要互相惦记。”妈妈说道。

一旁的大伟看着手里的零食，犹豫了好久就是舍不得分给大家吃。最后，在妈妈的耐心劝说下，孩子终于尝试着分给大家一点。

“姥姥，给你吃。”大伟说。“姥姥不吃，宝贝吃吧。”姥姥说道。

“姥爷，给你吃。”大伟说。“姥爷不吃，宝贝吃吧。”姥爷说道。

妈妈很无语，大伟却非常高兴，也许是意识到大家都不吃，分享只是一种形式，于是变得更加乐于分享了。

“爸爸，给你吃。”孩子说道。

爸爸说了声“谢谢”，接过食物吃掉了。

大伟看着爸爸真的吃了他的好东西，“哇”的一声哭了起来。

姥姥和姥爷赶忙过来哄孩子，“什么破爸爸呀，竟然真吃孩子的食物……

通过这件事情，妈妈注意到了孩子养成了不良习惯，根本不知道关心别人，只想着自己。妈妈将心中的忧虑告诉孩子姥姥，希望她不要再这么惯孩子了。可是，姥姥却说：“你想多了，孩子大点就不这样了，小孩子都护食。”基于对母亲的信任，大伟妈妈心想：“可能这是一个孩子成长过程中的正常现象吧。母亲养育过我们姐妹两个孩子，一定有经验。”于是，大伟妈妈并没有深究。

随着孩子年龄的增长，孩子自私、不关心父母的习惯越来越严重。大伟父母意识到母亲的话不对，于是，开始着手纠正孩子的这一不良习惯。

妈妈经常给孩子讲他的生命是爸爸和妈妈给的，爸爸妈妈是最爱他的人，孩子长大以后要懂得照顾自己的父母等等之类的故事和道理。再加上夫妻两个经常对孩子的鼓励。久而久之，大伟开始一点点地关心自己的父母了，有好吃的东西也懂得分享了。

现在，很多家庭的孩子都是由家里的老人代为照顾。老人照顾孩子，有很多好处，如：比年轻父母更细心、更懂得育儿的注意事项等等，但是也有很多坏处。其中，对孩子过于溺爱就是最大的通病。

好东西给孩子吃，什么也不让孩子做，对孩子的要求言听计从等等教育习惯，培养出了一个又一个的“自私宝宝”。不懂得关心父母，凡事以自我为中心，这样的孩子，连自己的父母都不知道关心，又怎能关心他人呢？如此这般，孩子将来怎么能够拥有幸福的生活呢？

生活中，这样以自我为中心的孩子越来越多，父母对孩子自私的行为也甚为头疼，在这里简单介绍几个沟通方法，帮助父母们纠正孩子不关心父母的不良习惯。

1．真诚地和孩子讲道理。

孩子虽然小，但是他们能听得懂道理。因此，父母要尝试着与孩子讲道理。

阳阳和父亲不怎么亲近。为了加深阳阳对父亲的感情，妈妈经常和孩子讲道理。“阳阳，你要爱自己的爸爸。因为你的生命是爸爸妈妈给的。”孩子虽然当时没有过多地回应母亲。但是，在一个无意间的谈话中，孩子竟然说出“不能换爸爸，我的生命是爸爸给的”这样的话。惊讶之余，妈妈终于明白了，虽然孩子小，但是对于她讲的道理是听进去了。

2. 多为孩子提供一些关于“关心父母”的相关故事和动画节目。

孩子对于故事、动画性质的节目非常感兴趣。父母可以充分利用这一点，对孩子因材施教，取得的效果一定非常理想。现在的传媒非常发达，早教类节目也很多，孩子们通过这些节目学习到东西非常丰富。这也是为什么现在的孩子比过去的孩子成长更迅速的原因。教育资源丰富了，孩子接触的新生事物就越多，自然越懂事。

第十四章　不爱学习，怎么办

乐趣是孩子变成优等生的魔法
——在沟通的过程中激发孩子学习的乐趣

孩子的学习，通常是每一位父母最为关心的事情。但是，很多孩子对父母的这份“关心”充满抵触。其根源在于父母没有把握住让孩子爱上学习的关键因素。其实，有的时候，只需一句话，就能让孩子爱上学习。

1. 放低姿态，向孩子请教

在很多父母的眼中，孩子们是无知的，需要父母和老师传道授业解惑。因此，很多父母偏执地认为，孩子应该向父母请教的，而父母不应该向孩子请教。其实，父母为什么不能向孩子请教呢？父母就一定比孩子懂得多么？究其根源，还是源于父母们一直放不下的架子，认为作为父母，应该在孩子面前有威严。事实上，连圣贤孔子尚且对身边的普通人做着“不耻下问”的举动，更何况普通的父母们呢？

静静自小在爷爷和奶奶的身边长大。父母都是普普通通的农民，在孩子的教育问题上，思想观念一直很落后。父母经常摆出父母的架子，对静静不是动手就是呵斥。特别是父母与其他大人讲话时，妈妈从来不许静静插嘴，用妈妈的话是这样讲的，“大人说话，小孩子不许瞎插嘴。”因而，自小静静就非常害怕自己的父母，尤其是父母情绪不好的时候，看着父母阴沉的脸，静静连大气儿都不敢出，生怕惹到父母，挨顿打。那个时候，别说父母向静静请教了，在父母的面前，静静感觉非常没有尊严。这样的教育方式，导致了静静自小就自卑，处处觉得比别人矮一头。

那些年，爷爷与二伯母的关系非常紧张，动不动就打得人仰马翻的。在这一点上，村里人经常背后议论二伯母不孝顺。一次，爷爷和二伯母又不知道因为什么事情吵了起来。争吵中，二伯父也加入了战争。令人寒心的是，二伯父偏向自己的媳妇，这可气坏了爷爷。于是，爷爷决定去法院告二伯不孝。

爷爷的其他几个孩子都不好说话，一边是父母，一边是一奶同胞的兄弟，大家谁都不愿意得罪人。静静坐在屋子里听着爷爷和奶奶商量着告二伯的事情。也不知道哪来的勇气，静静竟然在大人说话的时候，插嘴了。

“爷爷，我觉得你想去告二伯，应该和你其他的几个孩子商量一下。看看大家是什么意见。”静静说道。

“嗯，别说，孩子说得对，的确应该和其他的孩子商量一下。”爷爷恍然大悟。事实上，无论是爷爷还是静静，之所以选择“和其他几个孩子商量一下”的主意，只是为了给彼此一个台阶，让其他的几个孩子主动出面，劝和劝和。毕竟二伯也是爷爷的亲儿子。最后的结果正如静静和爷爷期待的那样，二伯在其他几个兄弟姐妹的劝说下，向爷爷道歉了。一场差点闹上法庭的家庭纠纷竟然被一个不到十岁的孩子解决了。

很多年之后，静静对当时爷爷采纳她提出的意见时的惊讶心情依然记忆深刻，似乎那是她人生中第一次被肯定。

事实上，多向孩子请教问题，可以增加孩子对学习的兴趣。很多父母总是头疼孩子不爱学习。那么，多向孩子请教问题，不失为一种很好的激发孩子学习兴趣的好方法。那么，父母怎样才能做到不耻下问呢？

1．父母们需要放下思想包袱。

孔子说：“三人行，必有我师焉。”既然他老人家都可以如此谦虚、不耻下问，为什么父母们不可以放下架子，向孩子请教呢？难道只是因为孩子们年龄小、阅历少，就不值得被尊重么？父母们需要放下思想包袱，只要是在孩子更有优势的方面上，父母都可以诚心向孩子请教。

2．把自己变成孩子。

向孩子学习，要求父母先要把自己变成孩子，站在孩子的角度上，放低姿态，蹲下来和孩子沟通。只有这样，父母才是真正诚心地向孩子请教问题。

3．多看孩子的优点。

很多父母对孩子要求过高了，总是认为自己的孩子一无是处，从不着眼于孩子的优点。事实上，任何一个孩子的身上都有很多的优点，只是他们被父母埋没了。在这样的环境下，父母怎么可能愿意多向孩子请教呢？只有善于发现孩子的亮点，父母才能更好地向孩子去请教。

2. 别给孩子贴上“笨”的标签

妈妈说：“谁谁家的孩子可真聪明，这次考试又是第一名。”

爸爸说：“可不嘛，人家的妈妈是老师，能像咱们家孩子一样笨嘛。”

类似这样的话说多了，父母就会给孩子贴上了“笨”的标签。因为孩子没有足够的判断力，分不清父母说的话是何用意，但是他们会选择相信自己的父母。给孩子贴上“笨”标签后，孩子原来聪明伶俐的才智就会被抹杀。于是，孩子们就会真的以为自己是一个笨小孩，不如谁谁家的孩子。

一位年轻的妈妈，带着小女儿来到幼儿园园长的家里。“园长呀，求求您收下我的孩子吧。”这位母亲说道。

“你想让孩子上幼儿园，直接等幼儿园开学送去不就行了么，为什么要来求我？”园长被这位母亲的奇怪行为弄晕了。

“不行，我的孩子太笨了，一定不能正常通过幼儿园的入园测试的。”母亲说道。

园长似乎有些明白了，说道：“如果是问题儿童，幼儿园的确不能收，关键是收了也不能帮到孩子，建议你送到专门的学校去学习。不过我看这孩子不像有什么问题呀。”

“不，园长你误会了，孩子没有什么问题，正常孩子，就是笨。”母亲连忙解释道。

听了这位母亲的话，园长决定给孩子测一测智商。测完之后，园长亲切地问孩子：“告诉叔叔，你觉得自己笨么？”

孩子答道：“我笨。”

园长惊呆了，“你怎么知道自己笨呀？”

“因为妈妈总是说我笨，不管有没有外人在。”孩子答道。

园长一下子就明白了原因。他蹲下身子，非常认真地对孩子说道：“孩子，叔叔告诉你，测试显示你的智商指数非常高，几乎是神童的标准，你的妈妈弄错了。”说完，园长又对这位母亲说道：“你的孩子一点都不笨，相反他的智商非常高，之所以表现出笨，是因为你的误导，你知道么，你差点毁掉这个孩子。”

这位母亲听完后，久久没有说出话。

生活中，有很多孩子像事例中的孩子那样，被父母稀里糊涂地贴上了“笨”的标签。这些孩子原本智商不低，就是因为父母的原因，竟然本能地认为自己很笨，最后，毁掉了自己的前程。

因此，父母们一定要帮助孩子建立正确的自我形象，多看看孩子的优点，多给孩子一些鼓励和正向的引导，不要随随便便地否定自己的孩子，给孩子贴上“笨”的标签。这会直接影响孩子的自我判断，给孩子造成不可逆转的伤害，尤其是在学习上。

1. 积极的暗示，有助于孩子成绩的进步。

美国心理学家曾经做过这样一个实验：

他们来到一所学校里，随机挑选了几个孩子，对他们说道：“这些孩子将会有辉煌的未来。”几个月之后，专家们再次来到这所学校，发现：之前的那几名孩子的成绩果然有了很大提高。这就是心理学上著名的“罗森塔尔效应”。

这个效应告诉我们：对孩子传递积极的暗示，就会促进孩子取得更大的进步。因此，父母们一定要多给孩子一些积极的暗示。那么，孩子们就会如父母所愿，尽自己最大的努力好好学习。

2. 多鼓励孩子，有助于孩子的学习。

鼓励的力量是巨大的，让孩子有被肯定、被重视的感觉。一个孩子如果一直生活在父母的鼓励下，那么，孩子的学习成绩一定非常好。因为孩子们非常享受这个学习的过程。所以，父母要多鼓励孩子，这样才能激发孩子的学习兴趣，让孩子爱上学习。

3. 不要给孩子提过高的要求，否则会打击孩子学习的积极性。

父母对孩子的期待值要恰到好处，不能过高也不能过低。如果父母的期待值过高，孩子无论怎么努力都无法达到，这样会严重打击孩子学习的积极性。事实上，合理的目标本身就带有一定的鼓励色彩。因此，父母们不要让目标失去对孩子鼓励作用。

3. 不要以物质奖励诱惑孩子学习

美国心理学家爱德华·德西研究发现，“一个人进行一项愉快活动的时候，如果对他提供外部的物质奖励，反而有可能减少他对这项活动的兴趣。”为此，德西曾经做过一个实验：

他让一些学生分成了两组，进行知识竞赛。其中的一个组，如果哪位同学答对一道题，就会获得一美元的奖励；而另一个组则没有物质奖励。

实验刚开始，有物质奖励的那一组学生的确非常积极。可是几个轮回下来，他们的积极性渐渐减弱。而另一组没有物质奖励的学生，则依旧保持着最初的积极性，努力寻找答案。因此，德西认为：物质奖励非常容易调动人们的外部机动，但这种机动持续的时间非常短。只有真正调动人们的内部机动，才能真正调动人们对某件事物的兴趣，这种兴趣才是恒久的。

因此，物质奖励对于调动人们的兴趣，没有任何好处，相反，它还会消磨人们对某件事情的兴趣程度。因此，父母在激发孩子兴趣的过程中，千万不要用物质诱惑的手段，否则只会适得其反。

宁宁和亮亮是爷爷的两个宝贝孙子。两个孩子哪里都好，就是不爱学习。这令十分重视孩子学习的爷爷一筹莫展。

新学期开始了，为了启发孩子的学习兴趣。爷爷将两个孩子叫到跟前，说道：“爷爷决定了，期末考试的时候，你们谁考进来班级前十名，寒假的时候，我就带着谁去夏威夷度假。”

“天啊，夏威夷，爷爷真下了血本，竟然是出国的奖励。”两个孙子兴奋地议论着，“看来我们要努力了，可不能错过这次机会。”

果然，接下来两个孙子开始努力学习了。每天早早起床，便赶到学校去学习，晚上也不出去玩了，经常一丝不苟地复习到很晚。爷爷搂着胡须，满意地看着自己的杰作，“看来这次的招数对了。”爷爷自言自语道。

好景不长，两个孩子的“学习兴趣”还没有持续一个月就偃旗息鼓了。宁宁和亮亮又开始回到以前那种厌恶学习的状态里去了。这一次，爷爷再怎么诱惑，孩子们的“学习兴趣”就是提不起来。

到了期末考试，两个孩子的成绩不仅没有进入前十名，反而还落后了很多。看着孙子们的成绩，爷爷气得胡子都立了起来。

这个事例告诉我们，绝对不能使用物质条件来诱惑孩子学习。那样激发出来的“兴趣”不是对学习的兴趣，而是对物质条件的兴趣。这种表里不一的兴趣持续的时间非常短暂，对培养孩子的学习兴趣一点好处也没有。只有从内在真正激发孩子对学习的兴趣，才能使孩子真正爱上学习。

那么，父母要怎样激发孩子的学习兴趣呢？

1. 父母要先搞清楚孩子为什么不爱学习。

父母不要只知道埋怨孩子成绩不好，不努力学习，要搞清楚孩子为什么对学习没有兴趣，是因为学习的过程太枯燥了，还是因为听不懂老师讲课，又或是其他的原因。父母需要找出孩子不爱学习的真正原因，对症下药，才能从根本上解决问题。

2. 帮助孩子养成良好的学习习惯。

好的习惯一旦养成了，就会终身受益。同理，坏的习惯一旦养成，也会终身受害。对于孩子的学习也是如此，一旦孩子养成了良好的学习习惯，不用父母挖空心思地去想招诱惑孩子，激发孩子的学习兴趣，孩子自己就会主动地学习。

3. 面对孩子的失利要鼓励孩子。

学习成绩很重要，但是学习不只是为了取得好成绩。当孩子在学习上出现失利时，作为父母不要只是责备、训斥孩子，这样会让孩子彻底失去对学习的兴趣。父母一定要多鼓励孩子，帮助孩子找回以前的自信心，这样才能引导孩子保持对学习的兴趣。

4. 爱玩是孩子的天性，给孩子宽松的学习空间

古时候，上京赶考的学子们都需要经历十年的寒窗苦读。事实上，现在的孩子想要金榜题名至少需要经历十二年的寒窗苦读。很多父母想到这里，心有不忍地说道："趁着孩子还没有开始上学，先让孩子玩个够吧，等孩子正式上学了就没有时间玩了。"

这些话说得好奇怪呀，为什么孩子上学后就没有时间玩了呢？难道孩子们上学之后，就必须一直学习么？当然不是，学习和玩是同步进行的。该学习的时候，就好好学习，玩的时候，就认认真真地玩，这样的安排才是最合理的安排，才能确保孩子爱上学习。

军军非常贪玩。为此，妈妈经常批评他，"整天就知道玩，也不好好学习，下次再考这么差，看我怎么收拾你。"

于是，军军产生了非常矛盾的心理：学习的时候，想着玩，学不进去；玩的时候，又想着学习，玩得也不安心。就这样，军军是玩也玩不好，学也学不好。妈妈看到孩子的这种状况非常着急，可是有不知道应该怎么帮助孩子，于是更加逼迫孩子。

"成绩又下滑了，从明天开始不许再玩了，把所有的时间都花费在学习上。"看着妈妈生气的样子，军军仿佛看到了动画片里的怪兽。

在母亲的高压管制下，军军的成绩直线下滑。而此时，妈妈丝毫不顾及军军即将崩溃的心理防线，依然斥责军军贪玩，导致学习成绩下滑。为了能够断绝军军贪玩的念头，妈妈将军军最喜欢的新款北欧战斗机模型摔了个粉碎。看着被摔得粉碎的战斗机，军军彻底爆发了，他发疯一样地将课本撕碎，发誓再也不学习了。看着军军疯狂的样子，妈妈傻眼了。

看到这个事例，不免有些为军军感到惋惜。挺好的一个孩子，被母亲错误的教育逼成了那个样子。爱玩是孩子的天性，父母为什么一定要逼迫孩子放弃天性呢？成绩的确重要，但并不是学习的全部呀。学习是

为了让孩子增长能力，原本是一个重在过程的环节。正所谓量变达成质变，孩子的成绩不是一蹴而就的，需要一个学习的过程。在这个过程中，父母要尊重孩子的天性，给孩子一个宽松的学习空间。

1．父母要给孩子一个宽松的学习空间。

学习应该是一个愉快的过程，父母不要总是盯着孩子的学习成绩不放，逼迫着孩子争分夺秒的学习。这样一来，学习就变成了一种负担，让孩子感觉压抑的负担。在这样的高压环境下，孩子们会丧失对学习的兴趣，认为学习是一项苦差事，逐渐地开始排斥学习。

父母们要学会放开，抱着顺其自然的心态，只要孩子的成绩不出现太大的波动，尽可能地不要总是询问关于孩子学习的事情，让孩子自己合理地安排学习计划。

2．不要剥夺孩子玩的权力。

玩与学习不冲突，学习是为了让孩子掌握一些专业性的技能，而玩要也可以提升孩子的能力。只会学习，不会玩要的孩子，那是典型的书呆子。父母千万不要逼迫自己的孩子成为书呆子，尽可能地让孩子自己安排学习与玩要的时间，做到劳逸结合，学习的时候就专心学习，玩要的时候就认真玩要。

3．不要过度责备孩子贪玩。

贪玩是孩子的天性。上天既然赋予孩子这种天性，肯定有它的理由。很多孩子都是在玩要中感知自己的兴趣，如：爱迪生、比尔·盖茨。因此，父母不要凭借着自己的主观想法，替孩子决定哪些事情有意义，那些事情没有意义。

5．安抚考试失利的孩子

考试失利是任何一个孩子都可能发生的事情。面对孩子的失利，父母的教育方式决定着孩子是否能够从失败的阴影中走出来，在接下来的学习中再接再厉。因此，父母们要学会安抚考试失利的孩子，让孩子在坚强和勇敢中突破自己的瓶颈。

月月的学校管理得非常严格，对孩子的成绩非常重视。每次的考试成绩下达后，都会在学校的门前贴出成绩单，同时标出孩子们的成绩较上一次考试成绩是上升还是下滑，以方便家长们阅读。

月月的学习成绩一直都不错，但是始终没有进过前五名。这一次，在期末考试前，爸爸向月月提出了要求：一定要努力进入前五名。

结果，成绩出来之后，月月的成绩不仅没有如愿以偿地进入班级前五名，反而后退了好几名。看到月月的成绩下滑得如此厉害，月月爸爸的情绪有些失控，竟然当着很多家长和同学的面，大声呵斥月月。周围的家长们赶忙劝阻。面对众人的劝阻，爸爸不理不睬，好像铁了心地故意让月月当众出丑。

爸爸足足训了月月半个多小时。面对爸爸的咆哮，月月觉得非常下不来台，她根本没有注意父亲都说了什么，只顾着揣测同学们是不是都在嘲笑她。回家的路上，月月一句话也没有说，一直默默地低着头。回到家里，妈妈看到月月沉默的样子，忙问发生了什么。

“别管她，让她自己反省吧。”一旁的爸爸显然还没有消气。

第二天，父母发现月月没有早早起床上学，而是躺在床上发呆。无论父母怎样劝说，月月就是不肯去上学了。看到女儿如此反常，月月爸爸也有些后悔。

正如《孙子兵法》中提到的，“胜败乃兵家常事”，考试出现失利也是很正常的事情。事例中的爸爸因为孩子一时的考试失利，对孩子大加斥责，深深地伤害了孩子的自尊心，导致孩子对学习失去了兴趣，产生了排斥心理。这位家长的行为的确非常不当。生活中，父母们一定要引以为戒，在孩子考试失利的时候，不仅不能责备孩子，还要安慰孩子，帮助孩子尽快走出失败的阴影，重整旗鼓。

1. 不要太过在意孩子的考试分数。

家长们，对待孩子的学习，一定要保持平常心，顺其自然就好。关键是孩子们在学习的过程中是否掌握到了一些技能，成绩是其次。如果父母能够保持这样的心态对待孩子的成绩。那么，孩子也会摆正心态，更加关注学习的过程，就不会因为一两次的考试失利而沮丧、失落，这样的学习态度才是正确的。

2. 帮助孩子分析考试失利的原因。

考试没有考好，原因是什么？这是孩子需要总结的经验和教训。父母在孩子考试失利后，应该主动帮助孩子分析考试失利的原因，该鼓励的地方鼓励，该批评的地方批评，以防止孩子被同一块石头绊倒两次。其实，考试的真正目的在于查漏补缺。通过考试，暴露出一些不足之处，也不是一件坏事情。

3. 鼓励孩子均衡发展。

成绩代表着过去。那寥寥几个数字什么也不能代表。父母在帮助孩子分析考试失利的原因时，应该多鼓励孩子，不要因为一次的失利就怀疑自己，同时引导孩子均衡发展，全面发展综合能力，眼睛不要只盯着成绩。

6. 尊重孩子的兴趣和爱好，让孩子自发学习

每个人都有自己的兴趣和爱好，孩子也是如此。父母尊重孩子的主要表现就是：尊重孩子的兴趣和爱好，不将自己的主观意愿强加到孩子的身上。因为人各有志，每个人的爱好与兴趣是不一样的，不能勉强别人做自己不喜欢的事情。正如苏联教育家霍姆林斯基所言："不能把小孩的精神世界变成单纯学习知识。如果我们力求使儿童的全部精神力量都专注到功课上去，他的生活就会变得不堪忍受。他不仅应该是一个学生，而且首先应该是一个有多方面兴趣、要求和愿望的人。"

宁宁非常喜欢打网球，为了能够发展这个爱好，他选择进校队训练。尽管他一再向父母表示，自己绝对不会影响学习的。可是，妈妈还是不答应。为了能够让宁宁从校队中退出。宁宁妈妈甚至找到学校，与老师反复沟通。最终，老师同意宁宁退出校队，母亲这才罢休。

母亲虽然如愿了，但是宁宁却觉得非常郁闷。就这样，宁宁虽然每

天都坐在教室里学习，心却飞到了操场上。他侧耳听着同学们在操场上训练的声音，对于老师所讲的话一句也没有听进去。

一段时间过去了，宁宁的成绩出现了大幅下滑。老师将宁宁妈妈找来，就宁宁的问题详谈了很久。老师认为宁宁成绩下滑的原因是家长没有尊重孩子的兴趣和爱好，导致孩子经常上课走神儿。妈妈表示之所以不让孩子打网球就是担心打网球会影响孩子的学习。没想到，阻止了孩子的兴趣之后，孩子的成绩下滑得更厉害了。妈妈表示愿意尊重孩子的兴趣和爱好，给孩子宽松、自由的学习空间。

其实，孩子能够有自己的兴趣和爱好，是一件非常好的事情。俗话说："兴趣是最好的老师。"父母只需要对孩子的兴趣和爱好稍加支持，孩子们就会带给父母很多的惊喜。因为，兴趣可以最大限度地激发一个人的潜在能量，最终助其轻松获得成功。成功的路有千百条，学习绝对不是唯一的一条，但"兴趣和爱好"却是距离成功最近的一条捷径。

拥有广泛的兴趣和爱好，可以拓展孩子的思维，开阔孩子的眼界，对于这一点，家长要充分认清。父母如果不懂得尊重孩子的兴趣与爱好，强行对孩子的学习生活进行干涉，不仅会影响孩子的正常学习，导致孩子学习成绩的下滑，更会因此抹杀孩子的发展潜能，进而影响孩子的一生。因此，父母一定要学会尊重孩子的兴趣与爱好，并给予充分的支持，让孩子在愉悦中自主地学习。

1. 父母要善于发现孩子的兴趣。

兴趣是最好的老师，为了能够让孩子拥有更加美好的未来，父母一定要善于发现孩子的兴趣。通常情况下，父母发现了孩子的兴趣就等于找到了孩子未来的发展方向。顺着这个方向培养孩子，一定可以培养出一名出色的人才。

2. 支持孩子做自己喜欢做的事情。

很多人都问幸福是什么？成年之后，越来越明白，幸福就是做自己喜欢做的事情。既然如此，支持孩子做自己喜欢做的事情，就是在为孩子谋幸福。当孩子提出做某件事情时，父母们需要重视起来，分析是不是孩子的兴趣使然，如果是，一定要支持孩子，正向引导孩子，争取让孩子在这个方面有所收获。

3. 不强制干涉孩子的兴趣。

孩子的兴趣可能会有很多种，有的兴趣有利于孩子的成长，有的兴趣则不利于孩子的成长。面对这些不利于孩子成长的兴趣，家长需要首先表示尊重，其次再正向引导孩子，摒弃那些不良的兴趣和爱好，不要强迫孩子做自己不愿意做的事情。事实上，兴趣本身并没有好坏之分。因此，父母也不要过于紧张。

7. 科学应对孩子不爱写作业的毛病

“现在的家庭作业不仅仅是老师给学生布置的，也是给家长布置的”，许多父母都有这样的感觉。的确，似乎没有孩子喜欢做作业。只要一放学，孩子们就算彻底解放了，根本不愿意再继续做任何与学习有关的事情了。于是，写作业就成了一件令孩子非常痛苦的事情了。

春英的妈妈每天都会因为孩子写作业的事情，与孩子发生摩擦。这一天也不例外。春英放学后，被妈妈第一时间抓回家里做作业，原本还想与同桌小华再玩一会儿，结果美好的愿望只能作废。

春英觉得肚子很饿，想吃过饭再继续做作业。妈妈拒绝了，非要孩子做完作业再吃饭。为了能够早点吃饭，春英奋笔疾书。正在这时，妈妈单位打来了电话，有件突发事件需要妈妈立即赶回去处理。没有办法，妈妈只能对孩子千叮咛万嘱咐，“一定要把作业写完。”说完，妈妈急着赶回了公司。

晚上十一点多，妈妈处理完工作后回到家里。春英早就上床睡觉了。妈妈摇了摇春英，轻声地问道：“作业写完了么？”春英迷迷糊糊地点了点头。

结果第二天，老师在家长群里发布了没有完成作业的孩子名单，春英的名字就在其中。妈妈看到之后，气得险些跳了起来。回到家里，妈妈狠狠地将春英揍了一顿，并要求春英保证以后要按时完成作业。

在母亲的严格管制下，春英变得更加抵触写作业了，每天一想到要写作业，就觉得头疼。母亲也是如此，尽管经常被打的是春英，可是母亲并不感觉轻松。

生活中，孩子不爱写作业的习惯，的确让很多父母头疼不已。其实，孩子们也非常头疼，他们将做作业看成是一种负担，每天都被老师、家长强迫着执行。最终演变成：孩子们写作业不是为了更好的学习，而是为了免受家长和老师的惩罚。心怀这样的目的，怎么可能让孩子产生做作业的动力呢?

而作业的重要性不言而喻，为了孩子们能够更好地巩固所学的知识。孩子们的年龄还小，理解力和思维分析能力还很弱，老师们只有通过“留作业”的方式，让孩子反复练习，打牢基础。因此，孩子们虽然不喜欢做作业，却不得不做作业。对此，父母需要采取科学的方式，引导孩子改掉不爱做作业的习惯。

1. 不要总是批评、训斥孩子。

很多家长习惯性地催促孩子做作业，甚至在孩子做作业的过程中，一直在旁喋喋不休，一会儿斥责孩子写字难看，一会儿又斥责孩子不认真、坐姿不对等等。家长这样做的结果，只会让孩子更加不愿意做作业。没有人喜欢被别人催促着做事情，更不会有人喜欢做事情时，旁边有人动不动就训斥自己。这样的行为，会大大加重孩子的叛逆的心理。

2. 引导孩子学会合理安排时间。

其实，老师在布置家庭作业的时候，也会综合考虑孩子们的时间。通常情况下，不会占用孩子们太多的休息时间。因此，只要孩子们能够合理安排、利用时间，就会发现：其实做作业也用不了多长时间。

家长可以引导孩子将作业分成一个个小环节，每完成一个环节可以稍作休息。这种将整体分割的方法，可以降低孩子们对做作业的抵触心理。

3. 培养孩子做作业的良好习惯。

将做作业作为一种习惯，是为了帮助孩子更好地完成任务。这需要父母时刻提醒、反复练习，才能引导孩子养成做作业的习惯。家长们需从小强化孩子做作业的意识，引导孩子独立完成，逐渐脱离父母的约束，转变成自发性地做作业。渐渐的，孩子自发性做作业的习惯就形成了。

第十五章　抚平叛逆

叛逆不是孩子的错
——温和地沟通才能抚平孩子的叛逆心理

哪里有压迫，哪里就有反抗。叛逆，不是孩子的错，父母们应该从自身的教育方式找原因。温和的沟通意在强调：放弃对孩子的控制，才能真正的掌控；不强迫孩子听话，孩子才能真正听话。面对叛逆的孩子，家长朋友们不妨尝试一下这种沟通方式。

1. “叛逆”背后的真相

教育学家孙晓云曾经说过：“对待孩子的叛逆，人们往往想着怎么去改变，而实际上叛逆中往往有极其宝贵的品质，如独立的眼光、真理的追求、独特的创造、鲜明的个性等等，所以能够对叛逆中的宝贵品质发现和尊重，才是真正的教育。也只有这样做，才能改掉孩子叛逆中的劣质。”我非常认可这些话，事实上，这就是叛逆的真相。父母们只有正确认识了叛逆，才能真正收服它。

小杰今年上初一，是个大孩子了，有自己的主意了。他非常喜欢跆拳道，从小的时候就开始练习，几年下来已经练到黑带了。因此，小杰经常参加一些相关的比赛，他希望有朝一日自己可以在跆拳道方面有所作为。可是，爸爸却不这么想。随着小杰学习任务的加重，爸爸开始限制小杰在跆拳道方面花费的时间和精力，经常阻止他参加一些比赛，认为会耽误学习。为此，小杰对爸爸很不满。

一次，小杰又提出了参加一项比赛。爸爸连考虑都没有考虑，一口回绝了。小杰非常气愤，指责爸爸专横、不讲道理。于是，父子二人吵了起来。一气之下，爸爸竟然说出了让小杰滚的话。爸爸的态度大大刺激了小杰。小杰背起书包竟然真的离家出走了。

后来，小杰虽然被找了回来，可是和爸爸的关系却非常僵，几乎一句话也不和爸爸说。爸爸对小杰的行为非常失望，不停地训斥他“不争气”。为了缓和父子二人的关系。妈妈主动找小杰谈心。在交流的过程中，妈妈了解到了小杰对自己未来的规划和对爸爸的不满。这时，妈妈才发现孩子其实已经为自己的未来选择了方向，而爸爸还在按照自己的想法指挥着孩子。于是，妈妈将小杰和爸爸拉到一起，让他们都听听对方的心里话。一番沟通后，爸爸竟然对小杰的想法非常支持，说道：“你的想法非常好，爸爸没有想到你竟然已经为自己打算好了，看来是爸爸不够了解你呀。”

其实，叛逆是孩子在青春期阶段的主要特点。这时期的孩子，无论在生理上还是心理上都发生了巨大的变化，表现出了成年人的情感和独立感，不希望被压迫、威胁，希望得到父母的尊重和认可。他们逐渐有自己的想法，对很多事情都不服，喜欢表达、坚持自己的想法，做事易冲动、不怎么考虑后果。

此时，父母如果不够了解叛逆期孩子的心理特征，盲目地认为孩子不听话、不懂事、不争气，对孩子大吼大叫，甚至动手打孩子，孩子们只会更加叛逆，更加不懂事。但如果父母能够多了解了解孩子，正确对待叛逆期的孩子们，采用温和的沟通方式，走进孩子的心里，拉近与孩子的距离，那么孩子叛逆的心理一定不会太强烈。

事实上，叛逆期的孩子虽然性格比较鲜明，但是父母们也要正确看待孩子的变化，不要盲目压制孩子的个性，其实孩子表现出来的很多个性，只要父母稍加引导是可以成为孩子身上宝贵的品质的。

不管怎么说，父母们还是要以“尊重孩子”为前提，尽可能地站在孩子的角度上，有的放矢地削弱孩子的叛逆心理，切记：不要与孩子发生正面冲突，沟通一定要讲究技巧，否则只会加重孩子的叛逆心理。

2. 停止对孩子大吼大叫

“叛逆期的孩子不好管”，这句话得到了父母们的普遍认可。

“李强，今天老师给我打电话了，说了你在学校打架的事情，你到底为什么这么做？”爸爸阴沉着脸问道。

“也没有什么特殊的原因。那小子太狂了，竟然跑到我们班里打我的同学，好像我们三班没人了是的。”李强嘀咕着。

“所以呢？”爸爸接着问。

“所以我和几个好哥们就把他揍了。”李强倒也诚实。

“这么说，你是为了哥们义气了？那那位同学为什么跑到你们班里打人呀。”爸爸问道。

“我也不太清楚，好像是因为一个女生。”李强答道。

“你什么都不清楚，甚至有可能是你的哥们做了错事，在这种情况下，你就动手打人，这不是不讲道理么？”爸爸强压心中的怒火。

“不是，那按你的意思，我袖手旁观呗，不就是打个架嘛，您至于这么生气……”还没等李强说完，爸爸一巴掌就扇了过去。

只听“啪”的一声，李强的脸上顿时出现了五个红手印。

“爸，从小到大，我挨了您多少巴掌，数都数不过来了。我有时候都怀疑自己是不是您的孩子。”李强捂着脸说道。

听到李强这么说，爸爸更加生气了，冲李强大吼道：“你给我滚，你根本就不是我的儿子，我再也不想见到你。”说完，父亲转身离开了。

父亲走后，李强拿了几件衣服也走了。从那以后，李强真的再也没有回过家。

父母在愤怒时说出的话，也许是无意的，可是孩子却很容易当真。就像事例中的李强父亲，在盛怒之下说出了让孩子走的话，其实这只是他以示愤怒说出来的，而李强却当真了，一场悲剧就这样上演了。在这个过程中，孩子有错，父母的错更大。

对于父母而言，面对孩子所造成的突发状况应该保持足够的冷静和理智，而对于孩子激起的恶劣情绪要有能力控制住。这样才能与孩子进行良好的沟通，从而找到更好的解决方法。大吼大叫、拳脚相加，有什么用呢？只会让事态的发展脱离自己的控制，让孩子做出更糟糕的事情来。尤其是对待叛逆期的孩子，更不能采用这样简单粗暴的沟通方式。

1. 保持冷静，控制自己的情绪。

因为孩子的种种过失，父母的情绪非常糟糕，恨不得冲上去揍孩子一顿。如果父母们此时此刻是这样的状态，那么建议父母先不要急着与孩子进行沟通，先找个地方调节一下自己的情绪。等到心情平复后再和孩子沟通。

2. 不要说过激的话。

一些话说出去后是收不回来的。父母在和孩子沟通中，一时愤怒说了很多过激的话。这些话说出来父母也许会暂时痛快了，可是孩子呢？听到这些伤害自尊心的话，他们会是什么感觉。父母与孩子换位想一想，体会一下孩子的感受，也许就能克制住那些过激的语言了。

3. 吼叫解决不了问题，还是想想真正有效的解决之法吧。

事实上，父母的吼叫对于纠正孩子的错误没有任何作用，即便是孩子屈服了，也是被迫的，是因为害怕父母，并不是真的意识到自己的错误了。这样的教育方式是失败的、无效的，父母还是想想其他的更有效的解决之法吧，如：心平气和地与孩子谈心，讲道理；或是静静倾听孩子的心里话，寻求更多的心灵交流等等。这些方法对于教育孩子都非常有效果，而且不会激发孩子的叛逆心理。

3. 别拿孩子与别的孩子比较

生活中，很多家长总是喜欢拿自己的孩子与别的孩子比较。如果比较的结果是自己的孩子更优秀，心里就美滋滋的；如果是别的孩子比自己的孩子更优秀，则孩子就倒了霉了，一准儿挨父母一顿数落。

其实，在孩子的心里非常不愿意父母拿自己与别人做比较，无论是谁优秀，孩子都不希望父母这么做。这会让孩子感觉到压力，原本青春期的孩子就敏感、情绪波动很大，如果这个时候，父母再给孩子增添无谓的压力，会导致孩子的叛逆心理加重。

小美和珠珠是邻居，两个孩子的年龄相仿，是非常好的朋友。这一天，珠珠来找小美玩，一进门就看到小美阴沉着脸，好像很不高兴的样子。小美妈妈的情绪也很不好，见到珠珠进来，问道：“珠珠，你的暑期作业做完了吗？”

珠珠回答道：“我早就做完了呀。”

这下小美妈妈更加暴躁了，指着小美大声吼道：“你看人家珠珠，什么都比你强，人家的作业早就写完了，你的呢？还天天跟着人家一起玩。”

小美低着头，小声对珠珠说道：“珠珠，你先回去吧，我们明天再一起玩。”

珠珠起身准备离开，离开时珠珠非常有礼貌地和小美妈妈打了招呼：“阿姨再见。”

就是这样一句普通的话，又让小美妈妈暴躁起来了，“看人家珠珠多有礼貌呀，真是比你强太多了。”

小美关好门，转过身来怒视着妈妈，说道：“珠珠哪里都比我强，你就知道拿我与别人比较。你怎么不拿自己和别人比较呢？人家珠珠妈妈什么时候像你这样对珠珠大吼大叫呀？人家妈妈多有素质呀，你觉得珠珠比我好，那你去做珠珠的妈妈呀，说不定珠珠还不想要你这样的妈妈呢。”

听着女儿的话，小美妈妈半晌没有说出话来。

是呀，为什么非要拿孩子与别人的孩子比较呢？孩子的好坏与父母的教育方式有很大的关系。如果一定要比较，那么也是父母之间教育方式的比较。

印度思想家奥修曾经说过这样一句话：“玫瑰就是玫瑰，莲花就是莲花，只要去看，不要去比较。”父母们喜欢拿自己的孩子与别人的孩子进行比较，永远也不会有结果。首先别人家的孩子你并不了解，看到的只是非常小的一个点。拿这个点与自己孩子的整体进行比较是不公平的，另外，山外有人，人外有人，总会有比自己孩子好的孩子，也总会有不如自己孩子的孩子，这样的比较有尽头么？有意义么？

1. 父母需要明白：孩子不是用来炫耀攀比的工具。

父母们一定要记住，孩子不是你们用来炫耀攀比的工具。比赢了还好一点，一旦比输了，倒霉的是自己的孩子。别让孩子为你的面子遭罪。这样的攀比会大大挫伤孩子的自尊心。特别是正处于叛逆期的孩子，更接受不了父母们这样的比较。这个时期的孩子需要的是轻松自在的环境。因此，父母们，请不要说出一些拿自己的孩子与别人的孩子进行比较的话语来。

2. 父母需要明白：比来比去会比出差孩子来。

俗话说："尺有所短，寸有所长。"每个孩子都有其擅长与不擅长的一面。如果父母总是拿着孩子的短处与别人的长处做比较，只有挫伤孩子进取的积极性，最后引发孩子的叛逆心理，做出自暴自弃的举动。这样的苦果，其实是父母自己酿造的。

3. 比较，会增加孩子的嫉妒心理。

父母们比来比去，孩子们也会跟着比来比去。父母们这种无聊的比较除了滋长孩子的嫉妒心理，对孩子的成长没有任何好处。孩子们的心灵是脆弱的，如果在很小的时候，就被父母影响着滋长出失衡的嫉妒心理，那么孩子的一生都会被这种心理困扰。父母的错却让孩子付出了代价。

4. 父母的不理解是孩子真正的痛

孩子一天天的长大，当他们迈进青春的门槛之后，父母们就会发现孩子们正在一点点地叛逆起来：和父母顶嘴、无端地发火、不肯聆听父母的教诲、不愿意和父母说话、给自己的抽屉上锁等等。这时，父母们开始变得紧张了，"孩子的叛逆期来了！"

丁丁的叛逆期来了，再也不肯听父母的话了，而且还很暴躁，只要是他看不顺眼的东西不是摔就是踹。父母曾经说过他几次，显然是没有效果。

一天晚上，丁丁随便吃了口饭就回屋了。妈妈看出孩子好像有心事，想要和孩子谈谈，没想到孩子竟然反锁了房门。丁丁妈妈并没有敲门，她觉得孩子既然将房门反锁，说明他不想与人交谈，想一个人安静一会儿。

第二天，丁丁起床后，打开房门看到门口放着一封信，打开一看竟然是妈妈写的。

亲爱的孩子：我和你的爸爸了解到你目前遇到了一些挫折。虽然你不愿意告诉我们，但是爸爸和妈妈感觉到了。我想告诉你，不管你遇到什么样的困难，也不管你做出什么的决定，爸爸妈妈永远支持你。妈妈相信，不管困难有多大，你都有能力处理好它们。如果你觉得心情很不好，需要找人倾诉，你可以和爸爸妈妈说。我们永远是你的听众，是一家人，风雨同舟！

丁丁看着这封信后，心情好了很多，爸爸和妈妈非常理解他，这让丁丁觉得心里暖暖的。从那以后，丁丁总会不定期地接到父母的来信。在信中他们说了很多悄悄话。丁丁的叛逆心理也渐渐地平复了很多，变得更爱笑了，也愿意和父母沟通了。

其实，面对这暴躁的孩子，很多家长都不能理解孩子，他们甚至表现出比孩子还暴躁，结果当然是一场亲子大战，双方都受伤。事例中的这位母亲处理得非常好，并没有被孩子的坏情绪所影响，而是选择了一种最贴心的方式——写信，向孩子表达了理解孩子的心情，从而有效地化解了儿子的叛逆情绪。最后，母子二人开始了默契地通信交流，增进了亲子关系。

生活中，很多父母的确应该反省一下自己的教育方式。造成孩子叛逆心理的只是孩子本身的问题么？与父母的教育方式无关么？事实上对于孩子而言，父母的不理解才是孩子真正的痛。

1．面对孩子的叛逆，父母要保持冷静。

很多父母就见不得孩子一天阴沉着脸，好像谁都对不起他的样子。每次孩子摆出这样的样子时，父母都会被激怒，不仅不能理解孩子，还处处针对孩子，导致孩子原本就很烦躁的心情更加糟糕。

面对孩子的叛逆，父母需要保持冷静，不能被孩子传染也变得叛逆起来。孩子正处于懵懵懂的敏感时期，多愁善感一些在所难免，父母一定要理解孩子，保持理智，想出一个好办法来帮助孩子尽快摆脱坏心情。

2．多反思自己的教育方式。

一般情况下，孩子出现了问题，最大的责任人就是父母。父母应该借此机会好好反省一下自己，是不是自己的教育方式太激进，刺激了孩子？

3. 站在孩子的角度，尽量体会孩子的感觉。

青春期的孩子会做出很多的荒唐事，对此，父母要给予最大的理解和包容。谁都从年轻时候过来的，谁没有在年轻时做过荒唐事呀。等到年岁大一些再回想当初，那些荒唐事也是一份追忆青春的美好回忆。因此，父母要站在孩子的角度，感受孩子的心情，就能更好地理解孩子了。

5. 和孩子讲道理要动之以情

对孩子过于溺爱了，行不通，那是在害孩子。对孩子过于严苛了，行不通，那会激起孩子的叛逆心理。很多父母在教育孩子的问题上头疼不已，不知该如何把握分寸。

赵东东最近频频犯错，不是把邻居家的孩子打了，就是上课把老师惹生气了。因此，妈妈经常训斥他。

有一次，赵东东又和同学打架了。人家家长带着哭啼啼的孩子找到东东妈妈。妈妈非常生气，冲着赵东东大声吼叫起来。可是，赵东东却一副无所谓的样子。最后，妈妈让赵东东回房反思。赵东东竟然还对那位同学竖起了拳头，吓得人家孩子哭得更厉害了。妈妈和那孩子的家长怎么哄也哄不好，最后那位家长只得带着孩子离开了。

妈妈送走了孩子的家长，想起东东刚才无所谓的样子，开始反思自己的教育方式。妈妈发现，最近一段时间自己好像一直在训斥孩子，对孩子的教育方式太过简单粗暴。于是，妈妈来到东东的房间里，对东东说道："孩子，最近妈妈的心情不是很好，对你的态度有些粗暴了。你能原谅妈妈么？"

东东低着头，默默地点了点头。妈妈看得出来，在孩子的心里还是非常愿意接近母亲的。妈妈语重心长地说道："东东，虽然妈妈的态度不好，但是你最近的行为也真是有些过分了。妈妈希望你能够理解一下妈妈。妈妈每天忙着工作已经很辛苦了。如果你能约束好自己，别让妈妈操太多的心，妈妈会轻松一些。”

听着妈妈的话，东东抬起头看了看母亲，的确妈妈的头上已经有了白发。东东对妈妈说道：“妈妈，对不起我给你添麻烦了，我以后一定改。”

事例中的妈妈的做法值得家长们借鉴，她在发现问题的第一时间调整了与孩子沟通的方式，一改从前简单粗暴的教育方式，转而和孩子讲道理，晓之情动之以理，最后打动了孩子的心，使孩子意识到了自己的错误。

生活中，很多父母在对孩子讲道理时，总是直来直去，一点弯儿都不拐，而当这种讲道理的方式不起作用时，又开始对孩子大吼大叫。父母的这种简单粗暴的沟通方式非常容易激发孩子的逆反心理，导致亲子关系陷入僵局。这样的父母在教育效果微乎其微的情况下，不妨尝试一下以情打动孩子的心，然后给孩子感受到父母的不容易，从而更加理解自己的父母。

1. 不要与孩子争吵。

争吵往往会让问题复杂化，让一件小事演变成大事件。在争吵中，父母和孩子都会失去理智，说出一些过激的言辞来，伤害对方的同时也伤害了自己，导致孩子不愿再聆听父母的教导，父母不愿再理性地理解孩子。

在某一时期，孩子就会变得叛逆，在言行上显得“不听话”起来。因为在这个时期，孩子的自我意识非常强，接受不了他人对自己太多的干涉和控制，凡事喜欢自己做主。所以，这个时候，父母不要与孩子争吵，争吵的样子是最丑陋的样子，要学会适当示弱。

2. 示弱，以情感打动孩子。

父母在孩子心中的位置非常重要。孩子对父母有着很深很深的情感，这种情感不会因为亲子关系紧张而消失。当孩子处于叛逆这个特殊的时期，对孩子的教育方式要以“示弱”为主，不能强势命令和斥责孩子。最好的示弱方式就是以真情打动孩子，这个沟通方法非常有效。通常情况下，孩子们在父母情感的感知力下，都会更加理解父母，体谅父母的辛苦，变得懂事起来。

6. 放弃对孩子的控制

相信很多父母都有过抓沙子的经历吧。是的，在沙滩上用手抓起一把沙子，你会发现你越是用力，抓起的沙子越少，相反如果你能放松一些，松开手，抓起来的沙子会更多。管教孩子也是如此，父母们越是严格管控孩子的一举一动，孩子们的行为越是乖张，相反，父母松开手，给孩子一定的空间，孩子们反而会更好地约束自己，不让父母操心。

婷婷的母亲是一位非常温柔的母亲，从小就没有打过婷婷一巴掌。记得小的时候，爷爷奶奶从老家赶过来看望他们。由于婷婷和爷爷没有在一起生活过，非常陌生，所以当爷爷想要抱起她时，她狠狠地咬了爷爷一口。当时妈妈也只是批评了她几句。奶奶知道后非常生气，责备妈妈对孩子疏于管教。

婷婷就是在这种宽松、自由的家庭环境里成长起来的。尽管妈妈对她管控的不严，但是婷婷从来不给妈妈惹事。无论是在学习上，还是在生活上都做得很好。

相反，婷婷的姑姑则对孩子管得非常严。无论是生活上还是学习上，姑姑的一句话，简直比圣旨还好使。在姑姑面前，婷婷的表姐们从来都是规规矩矩的，不敢越雷池一步。可是姑姑总是觉得奇怪，怎么自己这么严厉管教孩子，孩子们的成绩竟比婷婷的成绩差那么多。还是婷婷的一句话道出了真相："表姐背着姑姑做尽了'坏事'，她们根本就不听姑姑的话。"

这就像是抓沙子，婷婷的姑妈手攥得太紧了，因此对孩子们就没有太多的约束力了，甚至还会引发孩子的叛逆心理，导致孩子们故意和她对着干。所以，父母们在管教孩子的时候，不要对孩子控制得太严格，只要孩子们在家长的"手心里"，不要过多地管控孩子，要给孩子自由的空间。

1. 一些小事情不要说孩子。

阳阳的爸爸总是喜欢管一些鸡毛蒜皮的小事情，如：孩子开玩笑时说了一些稍稍过分的话；吃饭的时候有些慢了；和小伙伴一起玩耍时跑得太快了等等。

对于一些无关紧要的小事情，家长不要过度干涉，给孩子一点犯错的空间。如果父母们每天都唠唠叨叨地说个不停，孩子们就不会把父母们说的话放在心里了。等到真正需要约束孩子的时候，父母的话就不管用了。因此，好钢要用到刀刃上，父母对孩子的控制也一定要在关键环节上。

2. 少否定，多肯定。

对于孩子的教育还是要以“少否定，多肯定”的基本原则展开。也就是多看孩子好的一面，及时鼓励赞扬。对于孩子不好的一面，父母要点到为止，不要夸大事实，更不要抓住不放，过度打击孩子。

经常听家长们说，“谁家的孩子可懂事了，父母稍稍点一下，孩子立马就改了。可是我家这个孩子，我就是连骂带打，人家也不拿我说的话当回事。”造成这种差距的根本原因不在孩子的身上，而在家长的身上。

3. 相信孩子，给孩子更多的权力。

父母在教育孩子的过程中，一定不要忘记孩子是一个独立的个体，不应该受任何人的控制。他们不是小木偶，父母也不是在操纵小木偶。父母的职责是教育，是引导，不是控制。父母也要充分相信自己的孩子，放开控制孩子的手，给孩子足够的权力和自由，他们的事情应该由他们自己决定，他们有遵从本心的权力。父母可以提意见给孩子，但是绝对不能控制孩子。